刑事事実認定の理想と現実

木谷 明＝著
KITANI Akira

法律文化社

はしがき

私が法政大学に奉職するようになってから、満五年が経過した。

奉職当初（二〇〇四年）法律文化社から上梓した『刑事裁判の心――事実認定適正化の方策』が好評を博して増刷を重ね、また、翌年（二〇〇五年）続けて上梓した『事実認定の適正化――続・刑事裁判の心』も好意を持って迎えられた。そのこともあって、法律文化社から、三冊目を出さないかというお話をいただいたのは、三年も前のことである。

前著刊行後私が執筆した原稿もある程度溜まっていたので、私は、このお話を有り難くお受けすることにした。ただ、その後、思わぬ事態が進行し、計画を思い通りに進行させることができなくなってしまった。

私事で恐縮であるが、長年連れ添った妻に進行がんが発見され、一年一〇ヶ月に及ぶ闘病生活の末、昨年（二〇〇八年秋）遂に帰らぬ人となってしまったのである。病気の発覚後、出版社に申し訳ないとは思いつつも、私は妻の看病に全力を尽くすことになって、出版計画を長期間事実上ストップさせてしまった。やむを得ないこととはいえ、申し訳なく思っている。

私が、気を取り直して再び作業に取り組み始めたのは、昨年（二〇〇八年）の年末のことであった。そして、その段階では、裁判員制度の実施が目睫の間に迫っていた。ここに問題があった。つまり、裁判員制度が始まると、裁判所による事実認定の手法が大きく変わらざるを得ない。おそらく、私がこれまで提唱してきたような手法はそのままでは通用しなくなるであろう。したがって、このタイミングで従前の論稿を公にすることに果たしてどれだけの意義があるのか。私は、この点にいささかの疑問を抱いた。

しかし、出版社からは、「裁判員制度が始まったからといって、事実認定に関するこれまでの議論が無用になるはずはない。その点を考慮しても、本書出版の意義は大いにあると思う」という好意的なご意見をいただいた。そこで、遅ればせながら作業を急ぎ、この度、ようやく本書の刊行にこぎつけた次第である。

先にも述べたように、今後刑事裁判における事実認定の手法は大きく変容を迫られる。新しい手法の下において、私が一番大切にしてきた「無辜の不処罰」の理想を果たして達成できるのか、私はまだ大きな不安を抱いている。しかし、既に「サイは投げられた」のである。私たちは、試行錯誤を繰り返しながらも、新しい制度をできるだけ「いいもの」に育て上げて行かなければならない。

本書の大部分は、一部新たな制度の運用に言及している部分を別とすれば、従来のシステムを前提とした論述が占める。その意味で、ここで述べたことが新制度の下でどこまで通用するかについては疑問を抱かざるを得ない。しかし、制度が変更されても、刑事裁判を行ううえで求められる精神（こころ）自体は変わりないはずである。そういう意味で、本書における私の発言を、次代を担う後輩に対する一先輩からの率直なメッセージとして受け取っていただければ幸いである。

なお、収録した論稿の中には、最新の動きを加味して全面的に書き改める必要のあるものがあると自覚している。しかし、そのような作業をしていては遅れに遅れた今回の出版計画がさらに大幅に遅れてしまう。大変心残りではあるが、原文に最低限度の加筆・補筆をするにとどめざるを得なかった。

以下、収録した論稿について簡単にコメントしておきたい。

第一章「刑事事実認定の理想と現実」は、二〇〇六年に法政大学で行われた「法と心理学会」において私が報告した内容である。心理学の専門家を前にして、刑事裁判官による事実認定がどういう思考過程をたどって行われているか、その理想と現実の姿を実例に即して率直に紹介したつもりである。

第二章「刑事事実認定の基本的あり方」は、収録したものの中では一番新しい。この論文は、後輩諸君が私の古稀を記念して出版してくれた『刑事事実認定の基本問題』の中で私自身が筆を執ったものである。この論文は、事実認定に関する私の基本的スタンスを全面的に明らかにしたものであり、いわば「木谷事実認定論・総論」とでも位置付け得るものである。

第三章「不意打ち認定と訴因」と第四章「自白の任意性判断などに関する提言」は、事実認定に関係する法律論を掘り下げて検討したものである。「木谷事実認定論・各論」の重要な一部を構成すると考えている。

第五章「取調べの可視化について」は、本書に収録したものの中では一番古い。法政大学に奉職するようになって以来、私は、いろいろな機会に自分の意見を公表する機会に恵まれるようになったが、志布志事件に関する日弁連シンポジウム（二〇〇四年秋）で行ったこの講演は、その最初のものである。この講演の後、取調べの可視化に関する論議は急激に進展することになる。この講演録が、果たして現時点でどの程度の意味を持つのかには疑問もあるが、「取調べの可視化の必要性」を私なりの言葉で語ったところに意味があると考えている。

第六章「鹿児島選挙違反事件（志布志事件）にみる密室取調べの弊害」は、前章の講演後、同事件の問題点を法学セミナーの誌面を借りて明らかにしたものである。この事件については、その後「被告人一二人全員無罪」という衝撃的な判決を初めとして、踏み字をさせて取調官に対する有罪判決や、取調べを違法として訴えた民事訴訟に関する原告側勝訴判決が次々に確定している。それだけ、捜査と公判維持に問題があったことが明らかな事件であるが、刑事・民事の各訴訟が余り進行していなかった時点で、捜査の違法を明確に指摘したという点で意味があったと思う。

第七章「隘路の中の刑事弁護」は、弁護団が志布志事件を闘っている最中、九州弁護士会連合会の大会（二〇〇五年、鹿児島市）で行った私の講演（録）である。現在の刑事裁判が抱える問題点をできるだけ具体的に指摘したうえ、不備な法制度の中で悪戦苦闘している刑事弁護人全員に対しエールを送ったものである。

第八章は、旧五九期司法修習生の「ハルシュウ」（春の集会）に招かれて行った講演（録）であり、証人尋問において裁判官が果たすべき役割について、具体的な実例を挙げて説明している。これから実務につく若い法曹の卵に対する講演であり、私としてもかなり力を入れた記憶がある。

第九章は、大阪高裁管内の有志裁判官の私的集会に招かれて行った講演（録）である。裁判官に求められる資質という、かなり微妙な問題に踏み込んだものであるが、恥を忍んで、私自身の生い立ちや生育歴についてもある程度触れることになった。

第十章は、裁判員制度が施行されるに当たり、裁判長としてはどういうスタンスで訴訟指揮に当たるべきかについて、簡単に触れたものである。法学セミナーの求めに応じて特に重要と考える問題点を指摘したものであるが、裁判員制度がいよいよ発足しようとしている現在の時点においても解決されていない点がいくつもある。そういう意味で、この小論稿もなお収録する価値があると判断した。

あらためて全体を通読してみると、同じ材料に基づいて同じような指摘をしている箇所もあって恐縮であるが、内容的には、前二著よりかなり読みやすいものになっているのではないかと思う。もし、本書が、これから裁判員として刑事裁判に関与する一般国民の刑事裁判への理解にいささかでも役立つことがあるとすれば、望外の喜びというほかない。

なお、法律文化社の秋山社長は、引き続く出版不況の中であえて本書の刊行を持ちかけられ、躊躇逡巡する私を終始叱咤激励して出版にまでこぎつけさせてくださった。また、原稿の校正その他については、同社山科典世さんに絶大なご協力をいただいた。お二人のご激励とご協力なしには、本書が世に出ることはあり得なかった。

前二著に引き続き出版社との仲介の労をとってくださった福井厚教授及び第七章中に引用の「刑事弁護語録」を本書に再度引用することを快諾してくださった下村忠利弁護士を含め、本書刊行にご協力くださった多くの方々に対し、改めて深甚の謝意を表する次第である。

二〇〇九年　五月

木　谷　　明

目次

第Ⅱ部　取調べの可視化と捜査・弁護のあり方

第Ⅲ部　裁判官のあり方

《収録文献初出一覧》

第Ⅰ部　刑事事実認定のあり方

第一章　刑事事実認定の理想と現実
「法と心理」六巻一号二五頁（日本評論社、二〇〇七年）

第二章　刑事事実認定の基本的あり方
木谷明編著『刑事事実認定の基本問題』（成文堂、二〇〇八年）

第三章　不意打ち認定と訴因
『小林充先生・佐藤文哉先生古稀祝賀刑事裁判論集（下巻）』（判例タイムズ社、二〇〇六年）

第四章　自白の任意性判断などに関する提言
『鈴木茂嗣先生古稀祝賀論文集（下巻）』（成文堂、二〇〇七年）

第Ⅱ部　取調べの可視化と捜査・弁護のあり方

第五章　取調べの可視化について
日弁連取調べ可視化実現委員会編『可視化でなくそう！違法な取調べ』（現代人文社、二〇〇五年）

第六章　鹿児島選挙違反事件にみる密室取調べの弊害
法学セミナー五〇巻三号（日本評論社、二〇〇五年）

第七章　隘路の中の刑事弁護――現状を打開する方策はあるか

季刊刑事弁護四六号（現代人文社、二〇〇六年・夏）

第Ⅲ部　裁判官のあり方

第八章　証人尋問と裁判官の役割
——聞き手としての裁判官と供述の引き出し役としての裁判官
第五九期司法修習生春の集会（ハルシュウ）での講演（二〇〇六年三月）

第九章　求められる裁判官の資質などについて
季刊刑事弁護五三号（現代人文社、二〇〇八年・春）

第十章　裁判員裁判における裁判長の訴訟指揮はいかにあるべきか
季刊刑事弁護四三号（現代人文社、二〇〇五年・秋）

第Ⅰ部　刑事事実認定のあり方

第一章　刑事事実認定の理想と現実

一　はじめに

ご紹介いただきました法政大学法科大学院の木谷です。

今日は、心理学の先生方を前にして、どういうお話をすればよいのか迷いましたが、結局、刑事裁判官が事実認定をしていく過程をわかりやすく話してくれればそれでいいということでしたので、とりあえずその程度のお話をさせていただこうと考えて、出てきた次第です。演題だけは、「刑事事実認定の理想と現実」と大風呂敷を広げてあります。

さっそく本題に入らせていただきますが、今日は、刑事事実認定の中で中心的位置を占める自白の取扱いに焦点を絞りまして、この点について従前実務家、特に刑事裁判官の間でどういう意見が取り交わされてきたのか、その経過と結果を簡単にご紹介し、その後で、それでは現実の事実認定がどのように行われているかを、具体的事件を通じてご紹介することにしたいと思います。

二　刑事事実認定の理想

自白の問題に入る前に、刑事裁判官が目指すべき事実認定とはどういうものかという点について、私の基本的な考え方をお話しておきたいと思います。

社会一般が刑事裁判所に期待している役割は、おそらく次のようなものであると思います。すなわち、それは、「犯罪者は必ずこれを見つけ出して厳しく処罰し、他方罪を犯していない者に対しては確実に無罪の判決を言い渡してほしい」「しかも、そういう仕事をできるだけ速やかに行ってほしい」ということだと思います。そういう裁判ができるのであれば、確かにこれに越したことはありません。

しかしながら、私は、このような役割を裁判所に求めるのは無理だと思うのです。全知全能の神様が裁判を行うのであれば別として、人間のする裁判にこのような完璧なものを求めるのは、それ自体明らかに過剰な期待です。そういうことを目指して裁判を行うと、えてして冤罪を生み出すことになると考えるのです。

裁判は神ならぬ人間がするわけですから、その判断に誤りは避けがたいと考えるべきです。もちろん、それは必ずしも最終判断をする裁判所だけの責任ではありません。捜査機関が誤った判断（見込み）に基づいて捜査を行った結果、犯人でない者について、いかにも犯人らしくみえる証拠をたくさん作り出してしまうこともあります。そして、証拠を作るのは必ずしも捜査官自身だけではありませんで、たとえば捜査段階の鑑定人が、意識的か無意識的かは別として、明らかに偏った捜査官寄りの鑑定意見を出すこともあります。そういう証拠を前提として判断を求められた場合、裁判所が真犯人とそうでない者を正確に見分けるのは、実際問題としてきわめて困難なことになります。

　そういう現実を考慮した結果、近代国家では、刑事裁判において訴追側に対し重い負担を課しています。すなわち、訴追側に対しては「合理的疑いを超えた立証」を要求し、「疑わしきは被告人の利益に」という法原則が妥当することにしました。わが国の最高裁も、この「疑わしきは被告人の利益に」という考え方は、「刑事裁判における鉄則」であると表現しています。

　そういうことでありますから、私は、刑事事実認定の理想は、冤罪の発生を未然に防ぐことにあると割り切るべきだと考えています。このような見解に対しては、当然のことながら、それでは真犯人を取り逃がす結果となって社会の秩序維持に支障を来たすではないかという反論があります。確かに真犯人を取り逃がすのは好ましいことではありません。しかし、真犯人を取り逃がした場合の不利益は社会全体で分担することができますが、無実の者が処罰された場合の不利益は、処罰された者一人に重くのしかかるのです。この点は、後藤昭先生が適切に指摘しておられるとおりだと思います(1)。このように考えると、真犯人を取り逃がす不正義と無辜を処罰する不正義とを「同じ不正義」であるとして一括して論ずることが誤りであることは、はっきりしてきます。

　そういう意味で、私は、「刑事裁判官が目指すべきは無辜を処罰しないことである」と割り切って考えるべきだと思うのですが、私のような考え方をとる者が裁判官の間で多数派かといわれると、そうは断言できないように思います。現実には、「一人の真犯人も取り逃がしたくない。そのためには、多少冤罪が発生してもやむを得ない。」という考えを持っている裁判官（それを明示的に認めるかどうかは別として、少なくとも意識下においてはそういう考えを持っているようにみえる裁判官）がきわめて少数であるとはけっしていえないように見受けられるからです。また、そういう意識まではないにしても、検察官提出の証拠の信用性をきわめて単純に肯定して、簡単に被告人の有罪を確信してしまう裁判官もかなり多いように思われます。そういう現実は、後にある程度具体的にご紹介したいと思います。

三　自白の信用性に関する二つの考え方(2)

1　自白調書の作成方法

ご承知のとおり、わが国においては、被疑者の取調べが被疑者と取調官以外に誰もいない取調室という密室で行われます。しかも、その結果として作成される供述調書は、速記録ではなく、被疑者がしたとされる供述を取調官が自分の言葉でとりまとめたもの（すなわち要領調書）であります。もちろん、これを公判廷で証拠として使用するためには、供述調書への被疑者の署名押印が必要ですから、その内容が被疑者の意思に基づくものであることを示す最低限度の担保があるといえないことはありません。しかし、それがどのようなやりとりの末に作成されたものなのか、調書に記載された供述内容は現実にはどういう言葉で述べられたものかなどを裁判所が正確に知ることはできない仕組みになっています。そのような仕組みは不適切であるとして、現在「取調べの完全可視化」が盛んに論じられるようになってはきていますが、捜査当局は容易に重い腰を上げようとしません。

このように、わが国における被疑者取調べのやり方や供述調書の作成方法については大きな問題があるのですが、これが重大問題であると明確に意識され出したのは、そう遠い昔のことではありません。刑事裁判の実務は、長い間そういう現実の不合理性を問題にすることなく、これを所与の前提としながら行われてきたということができます。もちろん、裁判官の間に、自白の中にときには虚偽のものが紛れ込むことがあるという意識がなかったわけではありません。優れた刑事裁判官が、詳細かつ具体的に記載され一見大変な迫真力を持つかにみえる自白調書の中から隠された問題点を探し出し、その結果被告人に無罪判決を言い渡すというケースはもちろんありました。しかし、それはあくまでそういう特別に優れた裁判官が「眼光紙背に徹する」読み方で自白調書を詳細に読み込むことによって初めて可能になる、一種の名人芸のようなものでしたから、一般の裁判官がこれを簡単に真似るということはできない状態であったということもできます。

2　直感的・印象的判断方法

それでは、多くの裁判官は、自白の信用性をどういう方法で判断していたのでしょうか。伝統的に有力であった判断方法は、自白調書の内容の具体性・詳細性・迫真性などに照らし、それが真に事実を経験したものでなければ供述できない内容であるかどうかという観点に着目するものでした。そこでは、自白調書のそのような記載内容が重視されますから、内容が大筋において一貫している場合は、多少の食い違いや変遷があってもほとんど問題にされません。そこでは、「人間の記憶力に限界がある以上、その程度の変遷があるのは当然のことである」とか、「被疑者は、いったん自白した後にも、罪を免れたいという気持ちから虚実とりまぜて供述するものだから、そういう点に振り回されてはいけない」というような理由が強調されます。そういう意味で、この立場では、細部における自白内容の変遷や客観的証拠との矛盾などは簡単に切り捨てられることになります。この立場の根底にある考え方は、「人は、犯してもいない犯罪を自白することは通常あり得ない。」「したがって、被疑者が犯罪を自白した以上、それは真実に合致する蓋然性がきわめて高い。」というものであると思われます。私は、このような自白の信用性判断の方法は、裁判官の「直感的・印象的な判断」を重視するものであると考えています。

しかし、先に述べましたように、自白調書は、取調官が被疑者の述べたことを取調官の言葉で要約したもので、被疑者の言葉そのものではないのです。ですから、取調官の作文能力が優れておりますと、実際に罪を犯していない無実の者からでも、あたかもその場にいて犯行を行ったかのような印象を与える、きわめて詳細かつ具体的で迫真力・臨場感に富む自白調書を作成することが可能となります。したがって、このような点に注目して自白の信用性を判断するのでは誤りを生じやすいというべきでしょう。

3　分析的・客観的判断方法

刑事裁判官の間にもそのことを意識している人たちがいました。そして、この考え方が一般にも次第に意識されるようになります。その立場の人は、当然、先ほどのような直感的・印象的判断方法は危険であると主張します。たとえば、供述が否認と自白の間で変転している場合を例にとると、確かにそれは、いったん真実の自白をした被疑者が罪の重さに思い至って何とかして罪を免れたくなり再び否認するという場合もあるかも知れないが、そうではなくて、逆に取調べの重圧に堪えかねて不本意にも虚偽の自白してしまった被疑者が、何とかして真実を理解してもらいために再び否認をしたという場合もあるのではないか、と考えるのです。また、自白内容が変遷しているというのは、本当の事実を知らない被疑者が、取調官の誘導や被疑者自身の想像によって、その都度その場限りの供述をしたからではないのか、そして、誘導する取調官も本当のことを知らないために、被疑者の供述が細部において揺れ動くことになるのではないか、被疑者の自白が客観的証拠と矛盾するのは、被疑者が本当は現場を知らないことの証拠ではないのか、というようなことが意識され出しまして、自白の信用性を判断するには、こういう観点からの検討が必要不可欠であるとされるようになりました。

そして、その結果として、自白の信用性判断においては、供述調書から受ける印象や直感を重視するのではなく、それに変転・変遷があるか、あるとすれば自白はどういう経過をたどっているか、それは、捜査の進展とどういう関係にあるのか、捜査官が既に獲得している知識から誘導されたものであるという疑いがないか、自白には客観的証拠による裏付けがあるか、自白が真実であるとすれば当然得られるはずの裏付け証拠が得られているか、真犯人であれば容易に説明できる事実に関する説明が欠落していないか、いわゆる秘密の暴露があるか、自白内容に不合理な部分はないか、などの点の検討が重要であると主張されるようになりました。

この後の立場は、自白には、取調官による無理な取調べや被疑者の迎合によって、虚偽のものがえてして混入することがあるという現実を直視するものといえます。それは、自白調書が密室内における取調べの結果取調官の言葉で作成される以上、自白調書の迫真性などから真偽を見分けるのはきわめて困難であるという基本的認識に立ったうえで、自白の信用性を直感的・印象的にではなく、できるだけ分析的・客観的に判断しようとするものです。

しかし、こう申し上げても、前者の考え方が、実務上後者の考え方にとって代わったということではありません。二つの考え方は、実務上大きなうねりとなって脈々と伝承されてきておりました。『冤罪事件として有名ないわゆる松川事件[3]、八海事件[4]など、最高裁と下級審の間を何度も往復した戦後の超特大の難事件において最高裁の判断自体がたびたび激しく揺れたのは、担当する裁判官自身の、自白調書に対するこのような考え方の違いによってもたらされたといっても過言ではないと思います。

4　二つの判断方法の間で揺れ動いた実例

ご参考までに、この二つの考え方が対照的に示された最高裁判例（八海事件に関するもの）を対比してご紹介しておきましょう。この事件では、事実を認めて共犯者との共同犯行であったと述べる者（吉岡）の自白の信用性をめぐって当初から激しい論争が繰り広げられ、吉岡の単独犯か他の被告人らを含む共犯事件かが深刻に争われました。そして、当初原判決がこの共犯者吉岡の自白の信用性を認めて被告人ら全員に対し死刑を含む有罪判決を言い渡したところ、最初の上告審は、吉岡自白の信用性に疑問があるとして、原判決を破棄し事件を原審に差し戻しました。ところが、差戻しを受けた二度目の控訴審が、被告人らに無罪を言い渡しますと、検察官の上告を受けた二度目の上告審（最高裁）は、今度は次のように判示して原判決を再び破棄して事件を原審に差し戻したのです。

「成る程、吉岡の逮捕以来の供述は四転五転殆ど底止するところを知らないほどの有様であり、その中には虚言に満ちた部分のあることは、原判決の云うとおりである。」しかし、「記録を反復熟読すれば、吉岡供述の中には真実に触れ、これを如実に物語っている部分のあることを到底見逃し得ないのである。」「凡そ事実審裁判官は、被告人の供述であれ証人の供述であれ、供述の部分部分の分析解明にのみ力を致すべきではな（い）。」「これらの供述の中には部分的には嘘もあり、食い違いもあることは原判示のとおりであるが、これらの供述は素朴で率直であり判示に云うほどの不自然さも感じられず、むしろ大筋を外れていないと思われる。おしなべて被告人の供述にしろ証人の供述にしろ、供述というものは枝葉末節に至るまで一致するものではない。記憶違いもあり、食い違いもあり、しゃべり過ぎて嘘のある場合もあるであろう。だからといって、そのような供述が常に不正確で採用に値しないものということはできない。同じ供述でも採用出来る部分もあれば出来ない部分もあるのであって、大事な点は、その供述が大筋を外れていないかである。」

これは、まさに自白の信用性を直感的・印象的に判断する方法を示唆したものであるということができます。

そこで、原審は、この多数意見に従って三度目の判決で再び被告人らに死刑を含む有罪判決を言い渡しました。

しかしながら、この事件は、被告人らの上告を受けた三度目の上告審が原判決を三たび破棄して被告人らに対し全員無罪の判決を言い渡すという劇的な結末を迎えます。その三度目の上告審判決の説示は、以下のようなものでした。

「まず、吉岡供述の信用性につき考察するのに、同人の供述（上申書を含む）には、逮捕から上告審の段階に至る間、共犯者の有無、人数、顔触れにつき一〇回余りもの供述の変遷がみられるのであって、このこと自体が同人の供述全般の信用性を疑わしくしているのであるが、それにつけても、同人についてはその利害関係、なかんずく自己の刑責の軽重との関係について特に注意を要するものがある。けだし、平和な老後をおくる被害者夫婦を残虐な手段によって殺害した上金員を強取し、社会の耳目をそばだたしめた本件兇行の刑責は、優に死刑に値するであろうとは、何人もこれに想到しうるところであって、かかる場合に、犯人が自己の刑責の軽からんことをねがうの余り、他の者を共犯者として引き入れ、これに犯行の主たる役割を押しつけようとすることは、その例なしとしないからである。もっとも、この点のみによって吉岡供述を虚偽ときめつけることの相当でないことはいうまでもなく、その供述内容が他の証拠によって認められる客観的事実と符合するか否かを具体的に検討することによって、さらに信用性を吟味しなければならないのである。しかし、この場合に、符合するか否かを比較される客観的事実は、確実な証拠によって担保され、殆ど動かすことのできない事実か、それに準ずる程度のものでなければ意味がないと解せられるところ、本件においては、吉岡の供述は、それが自己の行為に関する部分については、確実な物的証拠により裏付けられているのであるが、他の被告人らの行為に関する部分については、必ずしもかような物的証拠は存在しないのである。」

以上にみたような経過からしますと、これらの事件の被告人らは、審理に当たった裁判官が自白の信用性判断についてどちらの見解をとるかによって、その都度死刑と無罪の間（いわば「天国と地獄の間」）を行ったり戻ったりしたということすらできると思うのです。これは、まことに深刻な、由々しい問題であるといわなければなりません。また、その後いったん死刑判決が確定した事件について、再審の結果無罪判決が確定したものが四件も出たことはよく知られていますが[5]、これらの確定判決に関与した裁判官についても、ほぼ同様な問題があったと思われます。

5　分析的・客観的判断方法の確立と注意則

ところで、最高裁は、松川事件、八海事件などの後、一九七〇（昭和四五）年の二俣事件[6]において、再び後者の考え方に立って有罪判決を破棄しましたが、一九八〇年代に至りますと、自白の信用性を厳格に判断する判例[7]を一〇件近くも続けて出すようになりました。これらの判例において、最高裁は、先に紹介した分析的・客観的な手法を採用して、自白ないし共犯者の自白の信用性を厳格に判断する方向を明確に示したのです。また、これとほぼ相前後して、裁判実務家の手による一連の研究[8]が公にされました。これらの研究は、自白の信用性判断については、秘密の暴露の有無、客観的証拠との整合性、変遷の有無・程度、内容の合理性、その他諸般の事情を分析的・客観的に検討すべきであるということを主張する点で一致しています。これが「自白の信用性判断に関する注意則」といわれるものです。同時に、自白に不当に引きずられないようにするためには、いきなり自白の信用性の検討に入るのではなく、まず自白を離れたその余の証拠だけからどの程度の事実が認定できるかという点を検討し、そのような客観的事実と対比しながら自白の信用性を判断するのが適当であるという方法論も有力に主張されるに至りました[9]。その結果、刑事裁判官の間では、自白の信用性判断については「直感的・印象的判断」ではなく「分析的・客観的判断」が重視されるべきであるという点で、ほぼコンセンサスが得られたかのような観がありました。

しかしながら、それはあくまで基本的な考え方に関する一致でありまして、現実の事件処理において自白の信用性が常に厳格に審査されるようになったというわけではありません。たとえば「変遷のある自白」の信用性には問題があるという点に異論を差し挟むことはなくても、それでは、どの程度の変遷があれば信用性を疑問とすべきかという段階において緩やかな具体的判断をしてしまう判決や、自白に客観的証拠の裏付けがない場合にはその信用性判断を慎重にしなければならないという前提には異論を差し挟まなくても、具体的判断においては、本件の証拠関係の下では客観的裏付けが乏しくても自白を信用することができるというたぐいのものがなくなったわけではありません。

要するに、自白の信用性判断に関する一般的な注意則はこれを受け入れるけれども、その具体的適用に当たっては、実質的に直感的印象を重視して解決してしまうという判決がなくなったわけではないということです。ただ、それにしても、自白の信用性判断に関する基本的な態度について、ある程度実務上のコンセンサスが得られたことは、それ以前と比べて大きな前進であったと思います。

ところが、最近の下級審裁判例の中には、このような基本的方向自体にすら反するのではないかと思われるものが再び現れるに至っています。これは、注意しなければならない現象であると思います。この点については、後にやや詳しく触れます。

四　対照的な二つの最高裁判例

以下においては、八海事件判決以外の最高裁判例のうち、対照的な見解を示したものを二つご紹介します。[10] 1は、注意則がまだ一般的になる前の一九七〇年代に出された最高裁決定（布川事件の確定二審決定〔一九七八年〕）、2は、分析的・客観的判断方法を決定付けたと思われる鹿児島の夫婦殺し事件最高裁判決[11]（一九八二年）です。二つの判例を対照することにより、同じ最高裁の判例といっても、時期・構成により自白の信用性の判断方法に大きな違いがあることがおわかりいただけると思います。

1　布川事件最高裁決定

この事件の被告人二人は、第一審において強盗殺人罪により無期懲役刑に処せられ、控訴も棄却されたため上告したのですが、最高裁は、異例ともいえる詳細な理由を付してこの上告を棄却しました。そのため、両名は、やむなく服役し仮釈放を受けてから日弁連の支援を受けて再審を申し立てました。この申立てに対しては、昨年（二〇〇五年）水戸地裁土浦支部で再審開始決定が出されましたが[12]、これに対しては検察官が即時抗告を申し立てており、現在東京高裁に係属中です（章末〈補注〉を参照）。

この事件に関する最高裁（確定三審）の判断は、客観的証拠の評価や目撃証人の証言の信用性に関する部分、さらには自白の任意性に関する判断部分にも大きな問題があるのですが、ここでは、自白の信用性を肯定するために示された判断の一部をご紹介しようと思います。

被告人らは、当時成人に達したばかりで前科もない二人の青年ですが、まず櫻井さんという青年が別件の窃盗容疑で逮捕されました。櫻井さんは、その身柄拘束中に強盗殺人罪の取調べを受けて逮捕の五日後に自白します。また、もう一人の杉山さんは、この櫻井自白の翌日、やはり別件の暴力行為処罰法違反により逮捕されますが、早くもその翌日には強盗殺人罪について自白したとされています。

そして、最高裁決定は、このような自白の経過に加え、取調官が被告人らの供述するような無理な取調べを行った事実を否定していること、ことと次第によっては極刑も予想される重罪について取調べ開始後きわめて早期に自白していることは、その自白が任意にされたことを推認させる有力な事情である、と判示しています。

この事件における被告人らの自白にはいろいろ問題点があります。たとえば、自白以外に被告人らを犯行と結び付ける直接証拠はまったくないこと、自白によれば当然指紋が発見されてよさそうな箇所からも被告人らの指紋が一つも発見されていないこと、自白が転々と変転していて、相互にも矛盾し、この矛盾が捜査の進展とともに修正されていることなどです。

これらの点をすべてご紹介していては時間が足りません。ここでは、最高裁が被告人らの自白の変遷についてどういう判断を示したかをご紹介するにとどめます。この事件では、被告人らの自白に種々変遷がありまして、特に強取金の額、共犯者間での分配金額、分配場所や強取金の使途などに関する部分がたびたび変更されております。そして、それがどういう理由に基づくかについて取調官は合理的な説明ができなかったのですが、この点を指摘する弁護人の主張に答えて、最高裁は、以下のように判示しています。

すなわち、「一般に、捜査官が被害金額を確定しえない案件においては、（被疑者らが）故意に金額等についての供述を変転させ、後に至って犯行を否認する足がかりにするという場合等、いろいろの事情が考えうる。本件では、被告人櫻井は、『奪取金額等について供述するところに、くい違いを残しておけば、裁判で争うと通用すると考えたからである。』とか、『六万円盗んだと金額を多く述べて嘘をいったのは、自分だけ奪った金額が少ないと信用されないと考えたからである。』などと供述するのであるが、これによれば、被告人櫻井の供述の変転は、右の一般例の故意による供述の変転の場合にあたると推認しうる。」というのです。

しかし、この決定の後に出された最高裁の一連の判例や先ほどご紹介した注意則によれば、自白に客観的証拠による裏付けがないことや、自白が転々と変遷していることは、自白の信用性に関する黄信号ないし赤信号であり、特に注意する必要があるとされています。しかるに、この決定は、これは被告人らの訴訟戦術としての故意によるものであると単純に結論付けてしまっているのです。

確かに、一般論としていえば、被疑者が後の公判を有利に運ぶことを考えて、虚実とりまぜて自白するというようなケースも絶対に想定できないわけではないでしょう。しかし、本件被告人らは、先に述べたように、まだ二〇歳に達したばかりの前科もない青年です。そういう被告人らに、どうして「供述を変転させておけば公判で否認した場合に有利に働く」などという知恵があったと考えることができるのでしょうか。この最高裁の考えは、どうみても常識的でありません。このような被告人櫻井の供述調書は、自白の変転の理由を合理的に説明できなくなった警察官が、「自分たちの常識」に基づいて被告人を誘導し、先に述べたような書面にとりまとめた可能性が高いと考える方がはるかに理解しやすいと思います。警察が、そういうもっともらしい書面を作成して後日に備えるというのは警察の常套手段であると考えるべきですから[13]、これをそのまま信用してしまった最高裁のこの判断は、私にはどうしても納得できません。被告人らにとって納得できないのは当然だと思います。

2　鹿児島の夫婦殺し事件最高裁判決

この事件は、鹿児島県鹿屋市のある農家で、ある日夫婦が死体で発見されたことから発覚しました。直ちに捜査が始まりましたが、容易に解決の手がかりがありません。そのうちに警察は、事件後不審な言動をしていたということから被告人に目をつけます。そして、軽微な別件で逮捕・勾留して起訴し、その後の別件起訴後の勾留をも利用して、二ヶ月以上に及ぶ連日の取調べを行いました。

被告人は、終始事実を否認して容易に事実を認めませんでしたが、結局、身柄拘束開始二ヶ月半を経過した段階で不利益事実の承認をし、これを資料にして行われた殺人事件の逮捕・勾留期間中に自白に落ちます。一・二審公判で被告人は再び否認しますが、第一審の第一回公判において不利益事実の承認をしたこともあって、一・二審とも有罪（ただし、二人も殺したにしてはばかに軽い「懲役一二年」）に処せられたのです。

この事件について最高裁は、自白の信用性を担保する客観的証拠（被害者の陰部から発見されたという陰毛と被告人から提出させた陰毛が一致するという趣旨の科学警察研究所の鑑定）についても、証拠の陰毛が対比鑑定用の陰毛とすりかわった疑いが否定できないという判断をしておりまして、この点も原判決破棄の有力な理由となったのですが、自白の信用性に関する原判決の理由も支持できないとして、いくつかの注目すべき判断を示しています。すなわち、判決は、自白は犯行現場の状況等と符合する部分も少なくないと認めたのですが、他方、①自白には秘密の暴露がないこと、②客観的証拠の裏付けがないこと、③証拠上明らかな事実についての説明がないこと、④自白内容に不自然・不合理な点が多いことなどを次々に指摘します。そこで、その具体的内容について、もう少し詳しくお話したいと思います。

(1)「秘密の暴露」について

判決は、自白の中には、秘密の暴露、すなわち、あらかじめ捜査官の知り得なかった事項で捜査の結果客観的事実であると確認されたものが認められないと指摘します。もし自白の中にそのようなものが含まれていたとすれば、それは自白の真実性を客観的に担保する重要な事実であると考えられます。したがって、判決のこの部分について一般論として異論の余地はないと思われますが、「事件によっては、秘密の暴露がなくても信用性はあるというものがないとはいえない」という反論がありまして、この判示部分がその後の実務に大きな影響を与えたとまではいえないように思われます。

(2)「客観的証拠による裏付けの欠如」について

この点に関連して判決が示した例は、(ア)現場遺留指紋がないこと、(イ)被告人の身辺から人血の付着した着衣などがいっさい発見されていないこと、(ウ)自白に基づく捜査によっても、犯行に使用されたという凶器が発見されなかったことの三点です。

そのうち(ア)について説明を補充しますと、自白によると、本件は、被害者方を訪問した際に友人である夫が不在であったところ、たまたまその妻から情交を求められ、その最中に夫が帰宅したため殺人に至ったというまったくの偶発的犯行とされておりまして、被告人が指紋の遺留を防止するために何らかの方法をとったということは自白からは窺えないのです。そして、被告人は、当夜被害者方に一時間以上も滞留して指紋の付きやすいと思われる茶碗や包丁にも触れているとされています。のみならず、犯行現場の状況によると、犯人は、指紋がきわめて付きやすいと思われる鏡台抽出しの取手にも触れて金品を物色した形跡があります。しかし、現場から採取された指紋四五個の中に被告人のそれと一致するものは一つもなかったというのです。

(3)「証拠上明らかな事実に関する説明の欠如」について

実況見分調書によると、今申し上げたとおり、犯人は、鏡台抽出の取手に触れて金品を物色している形跡が歴然としていました。ところが、自白は、その点について何も説明していないのです。この点について、判決は、「自白では、金品物色の事実などについて全く述べられていない。」として、自白の信用性を否定する一つの事情としたのでした。

五　近時の下級審裁判例の憂慮すべき一部の傾向
——日野町事件に関する再審請求棄却決定(14)

このように、最高裁において指導的な判例が次々に打ち出され、注意則に関する研究も進んできたため、私は、今後自白について誤った判断のされる機会が大幅に減ったのではないかと喜んでいたのですが、現実の実務において、それまでの自白重視の傾向が一掃されたわけでないことは、先にも一言したとおりです。そして、最近では、下級審裁判例の一部に、あたかも、注意則が一般化する前の直感的・印象的判断方法に先祖返りしてしまったのではないかとすら疑われる危険な傾向もみられるようになってきました。次にご紹介するのは、日野町事件といわれる再審請求事件において請求を棄却した第一審の決定ですが、今述べた傾向が顕著にみられます。

1　事案の概要と審理の経過

事件は、一九八四（昭和五九）年一二月末に発生した強盗殺人事件（酒類小売販売店経営者である六九歳の女性を殺害して現金五万円等が入っている時価二〇〇〇円相当の手提げ金庫を強取したという事案）ですが、捜査は当初から難航しまして、容易に犯人検挙に至りません。措置に窮した捜査当局は、事件から三年余り経過した一九八八（昭和六三）年三月に、犯行当時この店に客として出入りしていた請求人に出頭を求めて、任意捜査の形で取調べを開始しました。取調べに対して請求人は事実を否認したのですが、午前八時から午後一〇時まで、連日三日間（三月九日から一一日）の取調べを受けた結果、三日目の午後六時三〇分ころに至り犯行を自白します。なお、この取調べの後、夜間帰宅を許された請求人は、妻に対し、警察官に暴行・脅迫を受けたから虚偽の自白をしたと述べています。

自白によりますと、請求人は、かねて「壷入り客」(店頭で計り売りの酒を買って飲酒する客)として被害者方店舗に出入りしていたが、酒代などの金銭欲しさから、一二月二八日の午後八時四〇分ころ、被害者方店舗六畳間でこたつに入って帳簿付けをしていた被害者に対し、後方から頚部を両手で締め付け、これによって意識を失った被害者の頚部を店内にあった荷造り用のひもで締め付けて殺害し、死体の手首をこのひもで結束したうえ、軽トラックの荷台に積んで同じ町内の団地宅地分譲地に捨て、もう一度被害者方に戻って店内を物色したうえ六畳間にあった金庫を奪い、これを同町内の山林内に持って行ってホイルレンチで壊し、中にあった五万円を取得したことになっています。

この自白に基づいて請求人は三月一二日に逮捕され引き続き勾留されます。請求人は、その後自白を維持していましたが、検察官による弁解録取の際には、「警察官からげんこつで顔を何度も殴られたり引き倒されたりした」旨、警察官による暴行の事実を訴えています。また、一〇日後に家族によって選任された弁護人に対しては犯行を否認したうえ、「警察官から暴行・脅迫を受けた」と訴え、弁護人から「犯行をしていないのなら捜査官にそのように言うように」というアドバイスを受けましたが、請求人は、その後も自白を撤回することなく経過してしまいます。

公判段階では、請求人は一貫して「捜査官から暴行・脅迫を受けたため虚偽の自白をしてしまった。」と主張します。そして、弁護人もこれを前提として自白の任意性・信用性を争ったのですが、有罪判決(無期懲役)を受けてしまい、この判決が確定しました。

2　確定審段階で重視された問題点

この事件についても、確定審判決の判断にまず問題がありました。すなわち、確定一審判決は、自白の任意性は認められるが信用性はないとして、情況証拠だけで被告人を有罪と認めたのですが、これは、もともと無理な認定だったわけです。これに対し控訴審判決は、自白の任意性と信用性をともに肯定し、自白には疑問の残る部分もあるが情況証拠と合わせると、「その根幹部分は信用できる」として請求人を有罪と認めたのです。確定判決が有罪認定の基礎とした有力な情況証拠のうち、裁判所の心証に特に大きく響いたと思われる事実は、以下のようなものでした。すなわち、

① 請求人は金庫を投棄した場所に至る経路について、捜査官の想定とは異なる経路を自白したうえ、引当たり捜査の際、捜査官を案内していること

② 請求人は、死体を遺棄した場所についても、死体発見場所まで捜査官を案内していること

③ 被害者方店舗の座り机の引出し内にあった丸い両面鏡から請求人の指紋が検出されていること

しかし、このうち、①②は、主として捜査官の証言に基づく事実認定と思われますし、③については、請求人が事件以外の機会にも被害者方に出入りしていた人物ですので、犯行以外の機会に指紋が付いたという可能性を完全に否定するのは難しいと思われます。また、現場には他にも犯人が物色したと疑われる箇所があるのに、両面鏡以外の他の物色箇所からは被告人の指紋がまったく発見されていないこともありまして、必ずしも自白の信用性を裏付けるに十分なものではないという考えも成り立ち得るものというべきでした。

第一審判決について特に問題にすべき点は、それがあたかも、自白の信用性に関する分析的・客観的評価方法に従ったかのような形をとりながら、結局は直感的・印象的判断方法に従っていると思われる点です。すなわち、第

一審判決は、自白には弁護人が主張するように、奪った金庫の内容物などについて客観的事実と合致しない点があり、これらの点については被告人が故意に虚偽の供述をしているとしか思えないとか、死体搬送の経路について不自然さがあるというような点を認めています。その結果、判決は、自白には「その自白内容に従った事実認定ができるというほど自白の信用性が高いとは考えられない。」とその信用性を否定しました。

ところが、判決は、その後一転して、いわゆる情況証拠を総合することによって被告人が真犯人であると認めるのですが、その際には、先に述べたように、被告人が死体遺棄地点に捜査官を導くことができたとか、金庫の投棄地点に捜査官を案内することができた、という点を重視しているのです。これらの点は、結局において被告人が自白しているという事実を前提にしているものです。自白が信用できないのなら、そもそものような案内を本当に被告人がすることができたという捜査官の証言を疑ってかかるのが筋だと思うのです。しかし、判決は、自白内容についての信用性を否定しながら、「自白した以上被告人は犯人に違いない」という前提自体は動かしていないとみるべきです。その考え方は、判決の以下の説示から明らかに読み取れます。すなわち、判決には、次のようなくだりがあるのです。

「特に本件の強盗殺人のような重大事件においては、犯人としては、たとえ自白したとしても、なるべく責任を免れ、もしくは軽減させたいと思うのが通常であるから、供述が変遷するのはむしろ自然ともいえるし、場合によっては、真実と虚偽を混ぜ合わせて供述する場合もある。したがって、供述の基本的部分に関心をもって検討すべきであるといえる。」

この判示は、先にご紹介した布川事件上告審決定の説示とよく似ていると思われませんか。そこには、自白の変転や客観的事実との不整合が、捜査官の圧力に堪えかねて虚偽の自白をした結果ではないかという観点からの検討はまったくないのです。要するに、この判決は、自白の判断方法についてあたかも分析的・客観的判断方法に従ったかのようにみえながら、結局は、直感的・印象的判断方法によって信用性を肯定したのと同じ結果になっているというべきです。むしろ、やり方が巧妙になっただけ、悪質であるということもできます。

3　再審請求審の経過、再審請求棄却決定の理由とその問題点

再審段階において、弁護人は種々の新証拠を提出しました。そして、弁護人は、これら新証拠によれば、請求人の自白が不合理なものであることが理解されるはずだし、両面鏡の指紋は別の機会に付着した可能性があるなどと指摘します。これに対し、本件決定は、弁護人の主張をすべて排斥したのですが、その中で最も問題であると思われるのが、自白の任意性・信用性に関する判断部分です。

(1)　自白の任意性に関する部分について

まず、自白の任意性に疑いがないとする理由として、本決定は、「(取調べは)連日……比較的長時間にわたっているが、昼食時や夕食時には休憩がとられており、請求人の希望を無視して帰宅させずに取調べを継続したという形跡はなく、午後一〇時ころには帰宅させており、これを実質的に身柄拘束がされた状態と同視することはできない」とか、警察官から暴行・脅迫を受けて自白したという主張に対しては、「(請求人の言う)脅迫文言がおよそ実行不可能なものばかりで、脅迫としての実効性が乏しいから、警察官がそのようなことを述べるとは考えられない」などという理由によりこれを排斥しました。また、暴行の主張に対しては、「たびたび暴行を受けたと供述しながら、その暴行の態様がすべて類似しているなど不自然な点が多く」などと説示して請求人の供述を信用できないと

しています。そして、弁護人は、請求人は境界線級の精神発達遅滞の状態にあるから虚偽の弁解を作り出す能力はないと主張したのですが、これに対しては、請求人のそのような精神能力を前提としてもこの程度の作話能力がないということはできないと断じてしまいました。

しかし、この精神発達遅滞者の作話能力に関する判断について科学的な証拠があったようには窺われません。これは証拠に基づかない認定のように思われます。また、この点を別としても、決定は、取調べが被疑者に与える精神的重圧について余りにも無知であり無神経です。この点については驚くほかありません。三日連続で行われた早朝から深夜に及ぶ長時間（一四時間）の厳しい取調べは、常識的に考える限り被疑者の心身に対し大変な重圧を与えたと思われるのですが、この決定は、それが任意捜査という名前の下に行われていて夜間は帰宅させているなどという点に着目して、取調べの重圧の問題を簡単にかわしています。しかし、任意捜査である以上、夜帰宅させるのは当然のことですし、昼食や夕食の時間を与えていることから自白の任意性を肯定するのは本末転倒であるというほかありません。このような長時間、外部との接触を絶って行った取調べにより得られた自白の任意性を、そう簡単に肯定してよいのかという点にまず疑問を感じます。暴行・脅迫の主張を排斥する理屈に至っては、屁理屈といわれてもやむを得ないもので、こういう理屈を並べて平然としている裁判官の常識とはいったいどういうものなのか、疑わざるを得ません。

(2)　自白の信用性に関する部分について

自白の信用性判断については、さらに大きな問題がいくつもありますが、最初に、決定が自白の信用性を肯定した結論的部分の説示を紹介します。決定は、次のように説示します。

「以上を総合すると、請求人の自白には、いわゆる秘密の暴露は含まれておらず、いくつかの点においてその内容の合理性や他の証拠との整合性に疑問が残り、その疑問点の一部は自白に虚偽が含まれていることを示すものであるが、『自白は極めて自発的に行われており』、『その内容は詳細かつ具体的で一貫しており』、上記いくつかの点を除けば合理的で『他の証拠とも整合している』し、『請求人が被害品である本件金庫を投棄した場所として捜査官を案内した場所が、まさしく本件金庫と被害者の死体が発見された場所であったことにより裏付けられている。』また、上記のとおり『自白の一部には虚偽が含まれている可能性がある』が、自白の核心部分の信用性を揺るがすほどのものはなく、その他の疑問点については必ずしも合理的な説明がつかないものではない。」（二重鍵括弧・筆者）

ここに述べられている理由について逐一反論するのは、時間の関係でできませんが、決定が、(ア)自白には秘密の暴露が含まれていないこと、(イ)一部とはいえ内容の合理性や他の証拠との整合性に疑問があること、(ウ)一部虚偽が含まれていることなどをすべて認めている点は重要です。前記の分析的・客観的手法によれば、他に特段の事情がない以上、これらの点だけでも自白の信用性に疑いを差し挟むべきことになるはずです。

しかしながら、決定は、それにもかかわらず、結論として自白の信用性を肯定しました。決定が掲げるその余の理由は、(エ)自白がきわめて自発的に行われていること、(オ)その内容は詳細かつ具体的で一貫していること、(カ)（いくつかの点を除けば）合理的で他の証拠とも整合していること、(キ)請求人が被害品である本件金庫を投棄した場所として捜査官を案内した場所が、まさしく本件金庫と被害者の死体が発見された場所であったことにより裏付けられていること、以上四点です。しかしながら、まず自白が「きわめて自発的にされた」という認定は、先にみたような自白の経過に照らして、とうてい是認できるものではありません。

決定が請求人の自白が自発的にされたと認めた理由をもう少し詳しく紹介しますと、決定は、自白には客観的に明らかにされた事情と符合しないものが含まれている事実を認めたうえで、次のようにいいます。すなわち、「捜査機関は、約三年もの長期間、微物の収集や鑑定に至るまで、入念な捜査を行っていたのであるから、客観的に明らかな現場の痕跡等は当然に把握していたと考えられるところ、弁護人が主張するとおり、捜査機関が請求人の供述を誘導しようとしたのであれば、客観的事情に符合する供述を導くはずであり、また、不自然な印象を与える内容をあえて導くような事態は考えられない。それにもかかわらず請求人の自白が、幾つかの疑問を抱えたままであることは、とりもなおさず、請求人が自発的に供述をしたことを窺わせる。」とこういうのです。これは、自白の中に客観的事実と食い違うものがあれば、かえってそれが自白の信用性を高めるものであるという、これまで考えられたこともない倒錯した見解でありまして、とうてい賛成することができません。こういう言い方が許されるとなると、自白が客観的証拠に符合していればそのこと自体から真実性が高いとされる一方で、自白が客観的証拠と矛盾している場合は、自白が自発的にされたことの徴憑になるのでやはり真実性が高いということになって、被告人はいずれにしても救われないことになってしまいます。決定のこの説示は、その点だけからみても不合理であることが明らかであると思います。

また、(キ)の請求人が金庫の投棄場所や死体を遺棄した場所へ捜査官を案内したという事実は、先に指摘したとおり、捜査官の証言に依拠するものと考えられますから、こういう点に心証形成上重点を置いては間違いのもとになると考えるべきです。

そうすると、(オ)の自白内容の詳細性・一貫性と、(カ)の「いくつかの点を除けば合理的で他の証拠とも整合していること」が、果たして自白の信用性を担保する理由になるか、ということになるはずです。しかし、(オ)の点は、まさにこれまでの判例や実務の工夫（注意則）によって克服されたはずの「直感的・印象的判断方法」それ自体にほかなりません。この点に重点を置いた判断は誤りを招くと考えるべきです。

それでは(カ)の点はどうでしょうか。決定のこの部分では、「いくつかの点」とぼやかして指摘していますが、自白に客観的事実と矛盾している点がいくつもあることは、決定自体が否定できないでいるのです。そのうち、特に重大であると考えられる問題点を以下に指摘しておきます。

(i)　金庫の破壊方法について　　自白では、被告人は、金庫の投棄現場に持って行ったホイルレンチで金庫を破壊し、中にあった五万円を取得したとされているのですが、発見された金庫にはホイルレンチでは形成できない損傷があることが明らかになりました。そこで、弁護人は、「自白は客観的事実と矛盾している」と主張したのですが、決定は、矛盾しているという事実自体は認めながら、次のように説示して、この点の矛盾は、自白の信用性を損なうものではないとしています。すなわち、「前記の凹損については、請求人が本件金庫を誤って落下させたり、投棄したりしたときに生じた可能性も否定できず、また、請求人が本件金庫の破壊に当たってホイルレンチ以外の工具も使用したのに、これを忘れている可能性も否定できない。」と。これは、自白と客観的事実の矛盾を、証拠に基づかない単なる推測・可能性によって補ったもので、非常識であるとの批判を免れません。そもそもこの凹損が落下や投棄によって生ずるという証明はないのです。こういう採証態度は、刑事裁判において許されるはずがないと考えます。

(ii)　金庫の部品が一部発見されていないことについて　　自白では、請求人は、金庫が発見された場所においてこれを破壊したとされています。しかし、その場所からは、金庫の部品の一部が発見されませんでした。この点を捉えて、弁護人は、「投棄場所で金庫を破壊した」という自白は客観的事実と矛盾すると主張しました。これに対し、決定は、部品が一部発見されていないのは確かに疑問であると認めまして、「金庫が破壊された場所は請求人が指示した場所ではなく、……自白のうち、本件金庫の破壊と投棄に関する部分は、真実を語ったものでない疑いがある。」とします。しかしながら、決定は、これに続けて「これらは強盗殺人の犯行を終えた後の被害品の処分に関する供述であって、自白の核心部分ではない。仮に請求人の自白のうちこれらに関する供述について虚偽が含まれていたとしても、これが自白の核心部分の信用性を揺るがすものとはいえない。」として切って捨てています。

金庫の破壊方法は、中に入っていた金五万円を取得する前提となる行為ですから、これが「自白の核心部分でない」という認定にはとうてい納得できません。しかし、仮に百歩を譲ってそうであるとしても、自白がこのような点について客観的事実と矛盾するものになった理由が解明されない以上、それが「自白の核心部分を揺るがすものでない」というのは、どういう理由に基づくのでしょうか。犯行を自白した犯人が、このような場面について虚偽を交えて供述するということ自体が不思議です。真犯人のそのような心理状態が心理学的に是認されるのか、私には大いに興味があります。ともかく、判決に示されたこのような判断は、独断以外の何ものでもないというべきではないでしょうか。

(iii)　金庫の内容物について　　自白では、「金庫内には五万円（一万円札二枚と一〇〇〇円札三〇枚）入っていたのでこれを奪った。それ以外の内容物は現場に置き去りにした。」とされていたのですが、証拠によると、この金庫は通常現金の保管に使用されていなかったことが明らかになる一方、この中には相当数の古銭、記念硬貨、記念メダルなどが入っていたと認められました。ところが、現場からは、このような記念硬貨などはいっさい発見されていません。そこで、弁護人は、自白はこのような客観的事実と矛盾するから信用できないと主張しました。

これに対し、決定は、自白のうち金庫の内容物に関する部分は真実を語ったものではない疑いがあると認めます。ところが決定は、その直後に、次のように説示してこれまた問答無用とばかりに切って捨てています。すなわち、

「しかし、他方で、本件金庫内に自白のとおり現金が入っていた可能性は否定できないし、そもそもこれらは強盗殺人の犯行を終えた後の行動に関する供述であって、自白の核心部分ではない。仮に請求人の自白のうちこれらの部分について虚偽が含まれていたとしても、これが自白の核心部分の信用性を揺るがすものとはいえない。」と。この説示にも、(i)・(ii)に関する説示と同様の批判が妥当すると思います。ここでは、自白の信用性を分析的・客観的に検討しようという基本的考え方が完全に放棄されているといえるように思います。

(iv)　その他の被害品について　　自白では、本件金庫とその内容物以外の金品は奪っていないとされています。ところが、被害者方からは、それ以外にも、貯金通帳七通やこれが入っていたかばんその他のものがなくなっていました。そこで、弁護人は、自白はこのような客観的事実と矛盾するから信用できないと主張しました。これに対し、決定は、確かに自白は、貯金通帳やかばんを奪っていないという点において疑問があり、真実を語ったものではない疑いがあると認めます。ところが、決定は、その直後に一転して、

「しかし、強盗殺人の犯人が真実の自白をしながら、未発見の被害品については奪ったことを否認し、一部虚偽の供述をすることはよくあることであって、仮に請求人の自白のうちこの点について虚偽が含まれているとしても、これが自白の核心部分の信用性を揺るがすものとはいえない。」

と判示しています。しかしこれも、自白と客観的事実との矛盾を単なる推測に基づいて合理化しようとするもので、鹿児島事件判例とは明らかに逆の方向を向いており、むしろ、布川事件確定三審決定と同じ方向のものであるといわなければなりません。

その他にも問題点はたくさんありますが、これ以上指摘しても意味がないでしょうから、この程度にとどめます。

要するに、この決定には、自白の変遷や客観的事実との不整合は、真犯人が罪を逃れたいためにした供述の結果であるという考えが基本にあって、それが、実際に事実を知らない冤罪者が取調べの圧力に負けて虚偽の自白をした結果ではないかという疑いの目をもって自白を検討するという視点が完全に欠落しています。きわめて問題であると考える次第です。

4　自白の信用性の判断方法に関する感想

以上、日野町事件の確定第一審判決と再審請求棄却決定の問題点を詳細にみてきましたが、これらの判決・決定は、要するに、自白の信用性判断について、既に克服されたはずの直感的・印象的判断方法に先祖がえりしたものというのが適切であるように思います。そのことを象徴しているとみられるのが、再審請求棄却決定の冒頭に掲げられた以下の説示です。すなわち、この決定は、自白の信用性判断のほぼ冒頭に、

「自白の具体性、詳細性、一貫性」という項を設けて、「自白は、全体として具体的かつ詳細であり、そのときの心情などに関する供述も詳細なものであって、体験していない者が想像でこのような供述をすることは難しいと思われる。」

という説示をしているのです。裁判所は、このように自白の印象から真っ先に心証を形成してしまったために、弁護人の主張する自白と客観的事実との矛盾などの論点に対しては、詭弁といわれてもやむを得ない無理な説明をして自白のほころびを縫い合わせようとしたものと思われます。

自白の信用性判断に関するこのような手法は、この決定だけではなく、近時の下級審裁判例に時として見かけるものでありまして、私は危機感を深めております。今後始まる裁判員裁判において、裁判官がこのような考え方で

素人である裁判員をミスリードした場合は、それこそ恐ろしい結果になるのではないかと危惧しています。

六　今後実務が進むべき方向

以上のような刑事裁判の実情を前提にして、今後実務はどのような方向に進むべきか、裁判官としてはどういう点に気を付けて仕事をしていくべきかという問題について、私の意見を申し上げることにします。

1　自白が採取された状況を客観的証拠によって認定できるようにすること
――「取調べの完全可視化」の実現

「取調べの可視化」の問題には、近時日弁連が大変意欲的に取り組んでおりまして、諸外国の実情も明らかにされてきています。これらの報告によりますと、可視化の問題は、オーストラリアを含む先進西欧諸国だけでなく、最近では、韓国、台湾、香港、モンゴルなどアジア諸国のかなりの部分でも取り入れられているということでありまして、これを取り入れた国では、当初危惧されたような不都合な結果は生じておらず、かえって公判での争いが激減したといわれています(15)。

これに対してわが国では、捜査当局の猛反対によって事態がなかなか進展しません。残念ながら、今回の司法改革でも結局積み残されてしまいました。そうなると、わが国は、西欧諸国と比べて遅れをとるだけでなく、アジア諸国の中でも後進国になってしまいます。

これまでみてきたようなことからしまして、被疑者に対する取調べがどのような状況でされたのかは、捜査官に対する自白の任意性・信用性を判断するうえできわめて重要なものです。日野町事件決定で重視された「被疑者が捜査官の想定していないルートで捜査官を案内した」というような事実も、もし完全可視化が実現されている状況で真実被告人がそのような行動をとったのであれば、自白の信用性を肯定する重要な事情であるということができましょう。しかし、可視化されていない現状の下で、取調官の証言だけからそのような事実を認定して自白の信用性を肯定するのは、どう考えても危険きわまりないことだといわざるを得ません。また、この事件で請求人が主張している取調官の暴行・脅迫の事実などは、可視化が実現されていれば、そもそも論点にすらならないはずのことです。さらに、この決定が自白の信用性を支える最大の論拠としたのは「自白はきわめて自発的にされた」という点ですが、この点についても、「取調べ状況の完全録画」がされていない状態ではそういう認定をすること自体が重大問題です。しかし、もし完全録画がされていて被告人が本当に自発的に述べている状況が立証されれば、そういう理由で自白の任意性・信用性が肯定される場合が出てきておかしくないと思います。ですから、可視化は、捜査当局にとっても十分メリットがあるはずだと思うのです。

なお、過日最高検察庁は、取調べの一部について録音する方法を取り入れると発表しましたが、「警察の取調べには及ばない、検察官の取調べでもどの事件のどの段階で録音するかはすべて検察官の裁量」というのでは、問題解決にほど遠いものがあるといわざるを得ません。

2　取調べが被疑者に与える圧力について、裁判官がもっとセンシティブになる必要があること

一連の判決・決定を読む限り、裁判官は、取調べが被疑者に与えるプレッシャーについて余りにも鈍感であるといわざるを得ないように思います。

日野町事件についても申し上げましたが、早朝から深夜まで、取調室という密室で取調官から厳しい尋問を受けるということがどれだけ大変なことであるかを、裁判官が受け止められないというのは、私には信じられないことであると同時にまことに情けないことだと思います。

私にとっては、大学時代に、教室で立派な先生方の難しい講義を聞くのがとてつもなく辛いことでした。たった九〇分の授業（それもたいていは前後で一〇分ないし一五分短縮された授業）でも教授の話について行くには、大変な努力が必要だったのです。自分で選択した進路に進むため、自分のためになる話をたった数十分聞くのですら、このような苦闘を必要としました。これに対し、被疑者は、まったく突然に家族を含む外界から切り離され、孤立無援の状態で厳しい尋問に堪えなければなりません。いくら弁解しても取調官が納得してくれなければ、そういう状態が十何時間も続くのです。しかも自白しない限り、何日続くか見当がつかないのです。そういう状況で終日取調べを受けるということが被疑者に対しどれほどの圧力であるか、それは想像を絶するものであると思います。実際に取調官が終始紳士的であるということは想像できませんが、万一仮にそうであったとしても、取調べによる圧力が大変なものであることに変わりはありません。取調官から、暴行・脅迫あるいはそれに類することをされれば、私などは、たちまち虚偽自白に落ちてしまうだろうと想像しています。

裁判官は、このような被疑者の心理について、もう少しセンシティブになる必要があります。現実にも、比較的最近、わずか六時間の任意の取調べによって大の男が完全に虚偽の自白に落ちてしまった宇和島事件[16]の例があります。この事件は、取調べの圧力がいかに強力であるかを思い知らせてくれる貴重な教材であると考えるべきです。

3　信用性より以前に、任意性に関する判断をより厳格なものにすること

自白については最終的には信用性が問題になるのですが、それ以前の問題として、任意性の判断をもう少し厳格にすべきだと考えます。

この点でも、取調べの可視化は必要不可欠なものと考えますが、仮に可視化が実現されても、現在のように甘い法的判断基準が維持される限り、任意性ありとされた自白に虚偽のものが混入するのを阻止できないと考えます。最高裁の判例の中には、高輪グリーンマンション事件(17)や無欲事件(18)のように、どう考えても常識に合わないものがいくつもあります。このような判例の下では、下級審裁判官の判断基準も甘くなりがちですが、判例は下級審の裁判官の努力によっては変えられるという意気込みをもって事件と取り組んでもらいたいと期待しています。私が恐れているのは、「可視化は実現した。しかし、それによって取調べの現状がすべて判例によって是認されてしまった。」という最悪のパターンです。現場の裁判官の意識改革を求めたいと考えます。

4　自白の信用性に関する注意則をより厳密・強力なものにすること

注意則は、これまでの裁判例を詳細に検討した結果、その中から、虚偽自白が生じやすい場面をできる限り拾い上げたもので、それ自体貴重です。実務家がこの注意則をないがしろにすることは絶対に許されないことといわなければなりません。

しかし、注意則も絶対のものではありません。これは、自白の信用性を判断する際に気を付けなければならないチェックポイントを明らかにしたにすぎないと考えられるからです。現実に、多くの裁判例が、表面上は注意則に従っているような体裁をとりながら、実際の判断においては、直感的・印象的な判断をしているように感じられま

す。したがって、刑事裁判官としては、今後の実務のうえで、この注意則をさらに厳密・強力なものにする努力を怠ってはならないと思います。また、この日野町決定のように、「自白の中に客観的事実と符合しない部分があるときは、むしろ自白が自発的にされたことを窺わせる事由である」などという屁理屈は、絶対に許してはなりません。こういう点を含め、注意則の厳密化に向けた努力が求められると思います。

5　裁判官が、近時研究されてきた虚偽自白の生まれる機序などに関する心理学的知見を勉強し、これに対し謙虚になること

近時心理学の研究者からのアプローチには目覚しいものがあります。浜田寿美男先生を初め、多くの先生方が精力的に刑事裁判の事実認定に協力してくれています。ところが、裁判例を読んでいると、肝心の刑事裁判官が、どうやら先生方の関与を喜んでいないのではないかという感じすら受けます[19]。せっかく、隣接科学の側から協力を申し出てくれているのに、肝心の裁判所が拒絶反応を示しているのは、私には理解できないことです。

刑事裁判官の気持ちを推測すると、おそらくは、事実の認定はそもそも裁判官の専門領域であるから、心理学者がそんなところに口を出すのは僭越であるということではなかろうかと思います。しかし、刑事裁判における事実認定が最終的に裁判所の責任と権限で行うべき作業であることは当然ですが、それをするうえで利用できる科学的知見があれば、喜んでこれを利用・活用するというのが、裁判官の態度でなければならないと思います。裁判官は、科学に対し謙虚でなければなりません。

そういう点における狭い料簡は、「百害あって一利なし」というべきです。そういう意味で、私は、比較的最近浜田鑑定が実質的に活用された東京高裁の事例[20]が今後の貴重な先例になってほしいと期待しています。

七　おわりに——裁判員制度との関連について

以上で、本日私が申し上げようと思っていたことをすべてお話いたしましたが、最後に裁判員制度との関連について、私の意見を述べさせていただくことにします。

従来私は、裁判員制度についてもろ手を挙げて賛成するという態度をとってきませんでした。理由は二つあります。まず一つ目には、従来のシステムでも、自分なりにかなり質の高い裁判をすることができたという自負があります。そして、現在まだ数はけっして多くはないにしても、私のやり方に賛成してくれている後輩もかなりいます。ですから、それらの後輩諸君に粘り強く働きかけていけば、何も国民一般に多くの犠牲を強いてまで新しいシステムを採用する必要はないのではないか。従来のままでも十分世界に通用する刑事裁判を実現することは可能ではないかという気持ちです。

もう一つは、これを逆の面からいうことになりますが、この制度によって、果たして無辜の不処罰という刑事裁判の理想が実現できるのだろうかという点に自信が持てないことです。裁判員が事件について意見を述べられるかということ以前に、制度が予定しているような審理によって、自分自身の心証を適切に形成できるのかどうかにまず自信が持てません。精密司法に慣れ親しんできた私のような人間は、良くも悪くも詳細な証人尋問や調書の精読から心証を形成するという作業に慣れ切っていますから、「争点を整理したうえで簡潔な立証をするからそれによって法廷で的確な心証を形成できるはずだ」といわれても、なかなかイメージが湧きません。現在各地で行われている比較的簡単な事件ですら運用は難しそうですが、実際には、それとは比較にならないくらい複雑で困難な事件が係属することを覚悟しなければなりません。そういう事件で、国民に大きな犠牲を強いながら結局裁判の質を高めることができなかったとすれば、この改革はいったい何だったのかということになります。裁判員制度は、陪審でも参審でもないある意味で中途半端な制度であるために、運用を誤ると現状よりひどい結果になるのではないかという危惧を払拭できないのです。そして私のこの気持ちは、現在でも基本的には変わっていません。先日行われた「法学セミナー」の座談会(21)でも、同様の意見を述べてきました。

ただしかし、今回ご紹介した日野町事件決定のような裁判を現実に突き付けられてみますと、果たしてプロの裁判官の裁判が本当に国民のためになっているのかどうか、いささか自信がなくなってきます。こんな屁理屈ばかりで塗り固めた裁判がプロの裁判であるというのなら、むしろ一般国民の常識に判断を任せた方がいくらかましかも知れない、そういう心境になりつつあることも事実です。

また、季刊刑事弁護という雑誌の最近号（四八号）によれば、裁判員裁判を前提にした公判前の整理手続の実施されたことにより、従来隘路にはまり込んで身動きがとれなくなっていたいくつかの問題（たとえば、証拠開示の問題や身柄の早期保釈の問題）について、実務の風向きが多少変わってきたのではないかという観測も出てきています。もし制度の改革によって、そういう方向に風向きが変わるのであれば、私も賛成に回る可能性があります。しかし、このような傾向が今後本格的に実務に定着するのかどうか、また、公判前の整理手続が本来期待されているような実績を上げることができるかどうかなどがいまだ明確でない以上、私の最終的な立場はまだ留保せざるを得ないと考えています(22)。

いずれにしても、今後刑事裁判に携わる者は、立場の相違を超えて、この新しい制度の成功に向けて最善の努力をする責務があります。特に、裁判官の立場からいわせていただくと、裁判官自身の心証形成において、先に述べたような点に留意することは当然ですが、最終的な評議において裁判員の意見を尊重することが特に大切だと思います。裁判官がこの日野町事件決定で示されたような考え方を「これが刑事裁判の本当のやり方だ」という形で裁判員に押し付けることだけは、どうしても避けなければなりません。私は、一人の裁判官OBとして、祈るような気持ちで今後の推移を見守っているところです。

最後に余計なことまでお話してしまいましたが、以上をもちまして、私の報告を終わります。長時間のご静聴、まことにありがとうございました。

1　後藤昭「深夜の公園撲殺事件」平川宗信＝後藤昭編著『刑事法演習〔第二版〕』（有斐閣、二〇〇八年）二三一頁。

2　以下の点については、拙著『刑事裁判の心――事実認定適正化の方策〔新版〕』（法律文化社、二〇〇四年）一八四頁以下を参照。

3　①最大判昭和三四年八月一〇日刑集一三巻九号一四一九頁・判時一九四号九頁、②最判昭和三八年九月一二日刑集一七巻七号六六一頁・判時三四六号六頁。

4　①最判昭和三二年一〇月一五日刑集一一巻一一号二七三一頁・判時一二七号一頁、②最判昭和三七年五月一九日刑集一六巻六号六〇九頁・判時三〇〇号七頁、③最判昭和四三年一〇月二五日刑集二二巻一一号九六一頁・判時五三三号一四頁。

5　①〔免田事件〕熊本地八代支判昭和五八年七月一五日判時一〇九〇号二一頁、②〔財田川事件〕高松地判昭和五九年三月一二日判時一一〇七号一三頁、③〔松山事件〕仙台地判昭和五九年七月一一日判時一一二七号三四頁、④〔島田事件〕静岡地判平成元年一月三一日判タ七〇〇号一一四頁。

6　最判昭和四五年七月三一日刑集二四巻八号五九七頁・判時五九八号三七頁。

7　①〔ホステス強姦殺人事件〕最判昭和五五年七月一日判時九七一号一二四頁、②〔鹿児島の夫婦殺し事件〕最判昭和五七年一月二八日刑集三六巻一号六七頁・判時一〇二九号二七頁、③〔大森勧銀事件決定〕最決昭和五七年三月一六日判時一〇三八号三四頁、④〔波谷事件判決〕最判昭和五九年四月二四日判時一一二六号一三三頁、⑤〔岩国事件判決〕最判昭和六〇年一二月一九日判時一一九四号一三八頁、⑥〔六甲山殺人事件判決〕最判昭和六三年一月二九日刑集四二巻一号三八頁・判時一二七七号五四頁、⑦〔山中事件判決〕最判平成元年六月二二日刑集四三巻六号四二七頁・判時一三一四号四三頁など。

8 渡部保夫「自白の信用性の判断基準と注意則」岩田誠先生傘寿祝賀記念論文集『刑事裁判の諸問題』（判例タイムズ社、一九八二年）（後に『無罪の発見――証拠の分析と判断基準』（勁草書房、一九九二年）に収録）、守屋克彦「自白調書の真実性の分析」判時一一九五号～一二〇八号（後に『自白の分析と評価――自白調書の信用件の研究』（勁草書房、一九八八年）に収録）、司法研修所編『自白の信用性――被告人と犯行との結び付きが争われた事例を中心として』（法曹会、一九九一年）、下村幸雄『共犯者の自白――誤判防止のための準則』（日本評論社、一九九六年）など。

9 中川武隆ほか「情況証拠の観点から見た事実認定」司法研修報告書四二輯二号（司法研修所、一九九三年）一八頁。

10 最決昭和五三年七月三日判時八九七号一一四頁。

11 前掲注**7**記載の②判決。

12 水戸地裁土浦支決平成一三年（た）第一号同一七年九月二一日決定（公刊物未登載）。なお、後掲〈補注〉①参照。

13 ①私が担当した大阪の恐喝事件（大阪高判昭和六三年三月一一日判タ六七五号二四一頁）で提出された捜査書類は、明らかに内容虚偽の書面を作成して自分たちの被疑者への暴行の事実を隠匿しようと図ったものと認められたが、②東京の旅券法違反事件（東京地決平成一二年一一月一三日判タ一〇六七号二八三頁）で提出された書面も似たようなものであったとみられる。なお、①事件については『事実認定の適正化――続・刑事裁判の心』（法律文化社、二〇〇五年）九七頁以下、②事件については、本書九七頁以下を参照されたい。

14 大津地決平成一三年（た）第一号同一八年三月二七日（公刊物未登載）。なお、確定第一審判決は、大津地判平成七年六月三〇日判時一五八〇号四七頁。

15 韓国における可視化の実情に関する最新の文献として、甲木真哉「韓国における取調べの可視化への改革の動き」（季刊刑事弁護〔以下「季刊」とする〕四八号一二四頁）参照。なお、密室内での取調べの弊害を象徴する事例として、鹿児島選挙違反事件（志布志事件）がある。この事件のはらむ問題性については、拙稿「鹿児島選挙違反事件にみる密室取調べの弊害」法セミ六〇三号七六頁（本書一二四頁以下、一三〇頁以下）参照。この点については、後掲〈補注〉②も参照。

16 松山地宇和島支判平成一二年五月二六日判時一七三一号一五三頁。

17 最決昭和五九年二月二九日刑集三八巻三号四七九頁・判時一一一二号三一頁。

18　最判平成元年一〇月二七日判時一三四四号一九頁。なお、この事件については、決定に関与された奥野（元）裁判官が、事案を詳しく紹介し問題点を指摘しておられる。奥野久之「最高裁で経験したこと」『秋の蝉』（神戸弁護士協同組合、一九九四年）二〇三頁以下、特に二一二頁以下参照。

19　この辺の事情は、浜田寿美男『自白が無実を証明する』（北大路出版、二〇〇六年）に詳しい。

20　東京高判平成一八年三月八日・季刊四七号一六四頁。

21　座談会・木谷明ほか「制度設計に市民の観点をどう活かすか」法セミ六二三号二三頁。

22　私は、その後、二〇〇八（平成二〇）年八月二〇日に放映されたＮＨＫ（教育テレビ）「視点・論点」の中で、要旨次のような意見を述べた。すなわち、それは、「①刑事司法に民意を反映させようとする制度の方向自体には反対でない。しかし、②現に施行されようとしている裁判員制度には『無辜の不処罰』という観点からみて重大な欠陥がある。③したがって制度実施までの間に、取調べの全面可視化及び証拠開示の手直しが必須だが、④これが間に合わない場合は、制度運用の中心となる裁判官（裁判長）に、積極・柔軟、かつ、時には果断な訴訟指揮が求められる。⑤もしそうでなければ、制度の失敗は目に見えている。」というものであった。この見解は、本文で述べたものより多少前向きなニュアンスになっているが、基本的なスタンス自体は変わっていない。なお、その後、現実の模擬裁判員裁判を傍聴した結果の感想などにつき、拙稿「どこを改善すべきか」世界七八九号一二九頁参照。

〈補注〉

1　前掲注**12**記載の布川事件再審開始決定に対する検察官の即時抗告は棄却されたが（東京高決平成二〇年七月一四日判タ一二九〇号七三頁）、これに対しては、検察官がさらに特別抗告を申し立てた。

2　取調べの可視化については、最近に至って、中国においても全面可視化の試行が開始された由である。季刊五四号一五四頁以下。

第二章　刑事事実認定の基本的あり方

一　緒　論

刑事事実認定に関しては、裁判実務家による多くの研究が公にされており[1]、私も、従前の著作においてある程度言及してきたつもりである[2]。

そこで、最初に、この点に関する私の基本的立場を再確認しておくことにしよう。私の立場の立脚点は、「刑事裁判における最大の不幸は冤罪の発生である」という点にある。そして、私は、そのような基本的認識の下に「冤罪の発生」を阻止するにはどうすればよいかを模索してきた[3]。

しかし、その後公刊される裁判例の中には、こういう視点からはとうてい理解できないものが少なくない（この点については、後にやや詳しく触れる）。もちろん、そういう判決・決定をした裁判官も、自分なりに真剣に「正しい事実認定」に到達しようと努力したはずである。それであるのに、このような説示がされるということは、事実認定に関する考え方が私とは基本的に異なっているのではないか。私にはそのように思われてならない。

そこで、本稿では、旧稿と一部重複する点もあるが、刑事事実認定の基本は「冤罪発生の阻止」にあると考える理論的根拠をもう一度確認する。そして、そのうえで、そのような事実認定を目指すうえで現在の刑事裁判システムにはどういう問題があるのかを検討し、最後に、現実の事実認定において特に留意すべき基本的論点について簡単に触れることとする。

過日の新聞報道によれば、富山県警に逮捕された男性が、強姦罪で実刑判決を受け服役を済ませたが、その後になって真犯人が発見され、県警が謝罪した由である(4)。同様に、窃盗・詐欺罪などで起訴され、いったん結審した後に真犯人が発見され、検察官が無罪の論告をして無罪判決が言い渡された事件もある。この判決は、既に公刊物に登載されている(5)。これらの事件において真犯人が逮捕された契機は、いずれも、別件で逮捕された真犯人が余罪として本件犯行を自供したという、まったくの偶然である。そうすると、そのような偶然が介在しないその他の事件の中にも、現実には、かなりの冤罪事件が暗数として存在するのではないかという推測が優に可能となる。これは、由々しい事態である。刑事裁判官としては、こういう事態を何としてでも阻止しなければならない。

二　刑事裁判における基本的視点はどうあるべきか

1　刑事裁判において最も大切なことは何か

刑訴法一条には、「この法律は、刑事事件につき、公共の福祉の維持と個人の基本的人権の保障とを全うしつつ、事案の真相を明らかにし、刑罰法令を適正且つ迅速に適用実現することを目的とする」と規定されている。しかし、ここに書かれている「公共の福祉の維持」と「個人の基本的人権の保障」とは、多くの場合対立関係に立つ。また、「事案の真相」を解明することと「刑罰法令を迅速に適用」することも、なかなか両立しない。早い話が、真相を解明するためにはある程度の時間が必要であるし、その結果被告人が無罪とされる場合は、刑罰法令を適用することすらできないのである。したがって、「刑事裁判で最も大切なこと」を特定しようとすれば、この一条に書いてあることの中でさらに順位を付けなければならない。

そういう観点から考えた場合、①「公共の福祉の維持」や「刑罰法令の迅速な適用」ということも重要ではあるが、それは、②「個人の基本的人権の保障」や「刑罰法令の適正な適用」と適切なバランスを保つものでなければならない。そして、最終的には、①の要請は②の行き着くところの「無辜の不処罰」という要請の前に一歩を譲るべきである。なぜそう考えるべきなのか。まず、この点から検討する。

2　刑事裁判において、実体的真実を発見できると考えるべきか

その前提として、刑事裁判において、刑訴法一条が求める「事案の真相を明らかに」するという目的を本当に達成することができるのか、という問題を考えてみる。

ここにいう「事案の真相」を、もし「現実に発生した客観的事実（ないし『客観的真実』『絶対的真実』）」の意味であるとすると、そのようなものを刑事裁判で明らかにすることは、そもそもできない相談であると割り切る必要がある。

もともと、歴史的に発生した一回限りの事実を、事後的に証拠によって再現しようとすること自体が無理なことである。仮に犯行現場に目撃者がいたとしても、その目撃証言が絶対に正しいという保証はない。伝聞法則は、そういう目撃に間違いがあり得ることを前提としている。そして、いくら反対尋問によって証言の正確性を争ったとしても、これによって証言の誤りを常に明らかにし得るという保証もない。さらに、相矛盾する証拠が錯綜している場合に、裁判官がこれを正確に評価して常に「客観的真実」を探り当てることも不可能に近い。裁判官は神様で

はない。証拠の評価を絶対的に正しく行うことができるという保証はどこにもない。

このように、刑事裁判の場において常に客観的真実にたどり着くことが無理な相談であるということを前提にすると、刑訴法一条にいう「事案の真相を明らかにし」という文言は、「必ず客観的真実を極めよ」と求めているのではないということになる。なぜなら、もし「客観的真実を極めよ」という意味だとすれば、刑事裁判において、裁判所は、真犯人とそうでない被告人とをはっきり二つに区別してみせなければならないことになる。しかし、法が、そもそもそういう不可能な要求をしていると考えるのは不合理だからである。

要するに、刑訴法一条は、「事案の真相」の解明を究極の努力目標として掲げてはいるが、現実に裁判官によって認定される事実が客観的真実と乖離することを当然に予定していると考えるべきである。

3 「疑わしきは被告人の利益に」という「刑事裁判の鉄則」はなぜ必要なのか

このように、刑事裁判において認定される事実が客観的真実と乖離するのが当然であるということになると、次に問題となるのは、それでは、「真犯人の処罰」と「無辜の不処罰」との関係はどうなるか、どちらの要請を優先すべきか、という点である。公共の福祉の維持（換言すれば「社会秩序の維持」）を重視する立場からは、真犯人は絶対に逃してはならない、そのためにはときに無辜の処罰ということがあってもやむを得ない、という見解があり得る。しかし、これは近代法のとる立場ではない。近代国家の法は、いずれも例外なく、「犯人必罰」ということより、「無辜の不処罰」を優先している。

いわく「疑わしきは被告人の利益に」「被告人は無罪と推定される」「被告人を有罪とするには合理的疑いを超えた立証が必要である」「一〇人の真犯人を逃すとも、一人の無辜を罰するなかれ」などの法格言がその思想を表している。

これらは「無辜の不処罰」を理想とする思想であって、人類の叡智が、今述べたような刑事裁判の限界を認識したうえでようやくたどり着いた結論であろう。わが国の最高裁も、「疑わしきは被告人の利益に」という考え方は「刑事裁判の鉄則」であると表現している(6)。

しかし、現実の刑事裁判でこの原則を貫くことは、必ずしも容易ではない。それは、社会において犯罪が発生したという紛れもない現実があり、その犯人として起訴された被告人について、確実な証拠こそないけれども、犯人ではないかと疑わせる事情がかなりの程度認められる場合があるからである。そういう場合、裁判官は、「応報感情の満足」や「社会秩序維持の要請」などを考慮して、「被告人を処罰することによって被害者及び社会の期待に応えたい」という気持ちに陥りやすい。しかし、裁判官がそういう心理になると、「無辜の不処罰」の原則が危うくなる。裁判官をそのような心理にさせないためには、先に指摘した「刑事裁判の鉄則」の意味を、もう一度確認しておく必要がある。

果たして、これらの法格言の結論は本当に自明なものなのであろうか。

先に述べた「真犯人を見逃さないためにはたまには一人の無辜を処罰することになってもやむを得ないではないか」という意見は、近代法の大前提を否定することになる。そのため、さすがにこういう見解を正面から主張する者はいない。しかし、この点について、たとえば、「無辜の処罰」も「真犯人の取り逃がし」も「不正義である」ということに変わりがないとすれば、どうして後者の不正義より前者の不正義を重視するのか、という巧妙な主張(7)がされたらどうであろうか。

こういわれると、多くの論者は動揺するのではないか。この反論に対し、「無辜の不処罰」を重視する立場から的確な再反論ができなければ、その主張は多くの裁判官の同調を得られないであろう。

確かに、①「無辜の処罰」も、②「真犯人の取り逃し」も同じ「不正義」という言葉で表現することが可能である。だから、裁判官としては、そのような不正義を両方とも回避するように最大限の努力をすべきで、①の不正義を②のそれより優先すべきだという根拠はないという意見は、きわめて常識的で説得力があるようにも思われる。

これに対し、無辜の不処罰を重視する立場からはどう答えるのか。一説では、①の不正義は、処罰される被告人一人が背負わなければならないのに対し、②の不正義は、社会全体に分散する、したがって、②の不正義の場合は、一人当たりの損害は大分軽くなるはずだという説明がされている(8)。この見解は、「無辜の不処罰」の思想を、一種の保険の仕組みに類似するものであると説明しており、それなりに説得力がある。私も、従来この見解に従って学生に説明してきた。

ただ、現実の問題として考えると、被害者にとっては、犯人として起訴された被告人を処罰してもらえるかどうかが最大の関心事である。もし被告人が真犯人であるのに見逃されてしまった場合は、被害者にとってそれは取り返しのつかない不正義にみえる。そういう意味で、「真犯人の取り逃がし」と「無辜の処罰」は、「どちらも同じ不正義」であるという前記の見解が説得力を持つようにも思われる。

しかしながら、この点については、さらに、「真犯人を取り逃がすというのはただそれだけの意味しかないが、無辜を処罰するということは、犯人でない者にいわれのない苦痛を与えるというだけでなく、真犯人を取り逃がすという意味をも持っている。」という痛烈な再反論が可能である(9)。この見解はまさに問題の本質を突いている。したがって、無辜の処罰は「少なくとも二重の意味で不正義だ」ということになり、無辜の処罰も真犯人の取り逃がしも「同じ不正義である」という議論は、少なくとも「不正確である」との批判を免れない。また、「既に生じてしまった犯罪の結果は取り返しがつかないけれども、無辜を処罰するということは、国が新たな不正義に加担することを意味するので、そういう不正義だけは何としても避けるべきだ」という説明も可能であろう。さらに、刑事裁判の目的の一つは確かに「真犯人を処罰する」ことにあるが、それは、被害者一人のためにするのではない。したがって、「真犯人の取り逃がし」と「無辜の処罰」とは、この点からも「一対一」の対応関係に立つものではないと考えるべきである、という説明の余地もあろう。

要するに、先に述べた法格言に代表される「無辜の不処罰」の思想は、このようないろいろな事情を総合した結果、近代国家における刑事裁判の大原則として承認されるに至ったものと考えるべきである。そうすると、これはやはり「犯人必罰の要請」に優先するもので、私たちがどうしても守らなければならない絶対的な価値を有するものであると認めざるを得ない。

4　わが国の刑事裁判システムの中に「無辜の不処罰」との関係で問題となる点はないか

次に、わが国の刑事裁判システムの中で「無辜の不処罰」との関係で問題となる（換言すれば、冤罪の発生に手を貸しそうな）ものとしては、どのようなものがあるか、という観点から検討する。

私は、わが国の刑事裁判システム（運用を含む）には、およそ次のような特徴があり、これらは、多かれ少なかれ「無辜の不処罰」の理想を実現するうえで障碍になり得るものと考えている。

(1)　検察官起訴独占主義と起訴便宜主義

わが国では検察官が公訴権を独占し、しかも起訴便宜主義が徹底している。したがって、現実に起訴される事件は、検察官が徹底的にスクリーンした事件に限られる。そのため、捜査は、濃密・詳細に行われることになり、それだけ公判段階での争いの余地が少なくなる。それは、無辜をできるだけ起訴しないという意味では優れているが、逆に捜査の肥大化を招く。その結果、「検察官によっていったん起訴されると、その被告人はまず処罰を免れない。」という現象を生じる（有罪率九九・九％の現実）。そういう現実を前提とすると、いくら起訴状一本主義とか予断排除の原則などといってみても、裁判官自身がそういう目で被告人をみてしまう結果になりやすい。これは、冤罪を生ずる一つの土壌となる。

(2)　取調べの問題

起訴便宜主義を徹底すると、どうしても捜査が肥大化し、被疑者・参考人に対する徹底的な取調べが行われることになる。捜査の段階で、事件を徹底的に究明すること自体はけっして悪いことではないはずであるが、問題は、そういうシステムをとると、捜査はどうしても行きすぎになりやすいということである。

逮捕・勾留された被疑者に対してはもちろん、在宅の被疑者に対する「任意の取調べ」ですら、一日の取調べ時間が一〇時間を超えるという事態がけっして珍しくない[10]。

しかも、密室内の取調べ状況を公判段階で客観的に明らかにする方法がない。そのうえ、そこで作成される供述調書は、いわゆる要領調書であって供述者自身の言葉ではなく、それを取調官が自分の言葉で要約しとりまとめたものである。したがって、現実に被疑者らがどういう言葉で述べたものであるかは、いくら供述調書を検討しても明らかにならない。

取調べの全面可視化の問題は、早急に解決されるべきものであるが、現実には捜査機関の反対が強く容易に実現しそうにない。捜査機関が反対する理由はいくつかあるが、いずれも説得力に乏しい。その本音は、可視化をしないまま現在の取調べ方法を続けて行けば、裁判所は、捜査官の証言を鵜呑みにして取調べ状況を認定し、自白の任意性も認めてくれるからその方が都合がよい、という点にあるのではないか。この現状はどうしても改める必要があるが、そのためには、裁判所が取調べ状況に関する事実認定の方法について思い切った発想の転換をする必要があるように思われる（なお、後記**6**参照）。

(3)　被疑者に国選弁護人が認められてこなかったこと

二〇〇六年秋から、一定の重大事件には被疑者にも国選弁護人が認められることになり、その範囲は、二〇〇九（平成二一）年五月にさらに拡大された。しかし、これまでは、被疑者の国選弁護はまったく認められていなかった。そのため、多くの被疑者は逮捕・勾留された段階で効果的な弁護を受ける機会を実質的に奪われてきたといわれても反論できない。また、改正法を前提としても、被疑者の弁護人依頼権が十分に保障されたとはいえない。

(4)　被疑者・被告人の弁護人との接見交通権が大きく制約されており、被告人の保釈も容易に認められないこと

被疑者・被告人と弁護人との接見交通権は、現実には大きく制限されている。杉山事件判例(11)以来の最高裁の判例は、長い目でみればこれを拡充・拡大する方向に向かっているとはいえるが、まだまだ不十分である。それであるのに、この点について刑事裁判官が十分の理解をしているようには思われない。

鹿児島の選挙違反事件（志布志事件）で行われた国選弁護人解任劇は、この問題に関する裁判官の意識の低さを示している。この事件では、弁護人が接見の際、家族が書いた激励の手紙を被告人に対し窓越しに見せるという事実があった。被告人を取り調べてこの事実を把握した検察官がその状況を供述調書に録取したうえ、「接見禁止決定を潜脱するものである」との理由で国選弁護人の解任を請求した。すると、裁判所は、こともあろうにこの請求を認めてしまったのである。そもそも、弁護人がガラス戸越しに家族の激励の手紙を見せたということが、何ゆえに「接見禁止決定の趣旨を潜脱」するものであるかが理解できない。そのうえ、検察官が被告人を呼び出して、弁護人との接見内容を聞き出したということは、秘密交通権の意味を理解しない暴挙である。[12] 裁判所がこの程度のことすら理解できないまま国選弁護人の解任に踏み切ったのは、情ないことであるというほかない。

また、実務では、被告人が公訴事実を否認する限り、比較的軽微な事件であっても、保釈は容易に認められない。保釈に関するこのような硬直した運用を前提とすると、「事実を否認する限り長期間の身柄拘束による社会的な地位の失墜を免れない」という現実を生ずる。そうすると、被疑者が「身に覚えがない」と訴えている場合でも、「ともかく認めて早期釈放を得るように」というアドバイスをする弁護人が出てくることも十分考えられる。これは、アブノーマルな現象であるが、上記のような硬直した保釈の実務を前提とすると、「弁護人からそういうアドバイスを受けたから虚偽の自白をした」という被告人の弁解を、簡単には排斥できなくなる。

(5)　証拠開示が不十分であること

裁判員制度の発足を前提とした公判前整理手続の施行とともに、新たな証拠開示制度が始まったが、その運用がどのような形で落ち着くかが問題である。ともかく、これまでの制度の下における証拠開示制度の運用はひどすぎた。過去の冤罪事件の歴史は、このような不十分な証拠開示が冤罪の大きな原因となったことを雄弁に物語っている。新たな制度は、従前と比べるとかなりの前進といえる面があるが、それは弁護人側に「主張前倒し義務」という大きな犠牲を強いたうえで認められたものであるという点に十分留意して、その健全な運用が図られるべきである。

(6)　刑訴法三二一条一項二号書面が多用されること

従前の実務では、証人が検察官調書と異なる供述をした場合には、検察官がきわめて安易にいわゆる二号書面を申請し、裁判所も簡単にこれを採用する傾向があった。しかし、これではとうてい健全な運用といえない。そういう場合、検察官は、当然当該証人の証言を公判廷で弾劾して、あくまで公判廷で勝負するべきである。先のような運用では、「公判廷は検察官調書の受け渡し場所にすぎない」という批判を回避できない。

このような審理により、検察官調書について容易に「特信情況」が肯定され、密室内で得られた供述がそのまま事実認定の資料とされることは、冤罪発生の有力な一因になる。

(7)　自白の任意性の審査がずさんであり、判断基準が余りにも緩やかであること

取調べが可視化されていないため、自白の任意性判断の前提となる事実認定がまことにずさんである。多くの法廷では、被告人が取調べ状況について供述すると、取調官が証人として登場してこれに反する証言をし、裁判所はこの証言を信用して取調べ状況を認定している。それだけでなく、判例が採用している任意性の判断基準がきわめて緩やかである(13)。こういうやり方を続けると、自白法則はますます形骸化し、その分誤判の危険性も増大することになる(14)。

(8)　以上の結果、検察官は、終始圧倒的に有利な立場で公判に臨むこと

(9)　それであるのに、検察官の上訴が認められていること

検察官は、このようにして絶対的に有利な立場で公判に臨むが、それでもときには主張が認められずに無罪判決が出されることがある。しかし、そういう場合に、検察官は簡単には引き下がらない。当然のように控訴を申し立てる。そして、わが国の実務では、そういう場合に検察官控訴が認められることが多いのである。

以上に指摘した諸点は、刑事裁判における事実認定を考える場合に、常に念頭に置いておかなければならない問題点であるというべきである。

5　捜査官は信用できるか

刑事裁判官のかなりの部分は、捜査官に対し絶大な信用を抱いているように見受けられる。そのため、捜査官の違法行為が介在した疑いのある事件でも、それが刑事裁判で認定されるケースは多くない。また、被告人が自白の任意性を争って取調べの違法・不当を主張しても、捜査官が証言台に立つ限り、被告人の弁解はそれと比べて信用性が低いとして自白の任意性が肯定されてしまうのが通常である[15]。このことは先に述べた。

しかし、捜査官の証言は、本当にそれほど信用してよいのであろうか。これが次の問題である。私の結論は、「けっしてそんなことはない」というものである。もちろん、警察官や検察官が日常的に違法行為をしているとまでいうつもりはない。しかし、私の裁判官としての経験からすると、警察官はもちろん検察官であっても、ここぞという重要な場面では平然と違法行為に出ることがあり得るし、そういう違法行為を法廷で認めることはまずあり得ない、というのが偽らざる実感である。

捜査の違法を指摘できるのは裁判所だけである。したがって、裁判官は全神経を研ぎ澄ましてそういう点に鋭く切り込み、捜査に違法がなかったかどうかについて十分な審理を遂げる責務がある。そして、そういう疑いがあると考えた場合には、躊躇なく、判決・決定でそのことを指摘すべきである。

6　裁判官は、密室内の取調べ状況をどのような方法で認定すべきか

そういう前提に立って考えると、取調べ状況の認定に関する実務の審理・判断方法には大きな問題があることが理解されよう。

取調べの可視化が実現されていない現状では、取調べ状況に関する判断資料は、原則として被告人の供述と取調

官の証言しかない。そして、被告人は、たった一人で長期間・長時間の取調べを受けた後公判廷でようやく裁判官に実情を訴える機会を与えられる。そういう被告人に、取調べの状況を「逐一正確に表現せよ」と要求すること自体が無理である。また、被告人は、過酷な取調べを受けて怒り心頭に発していることもあるから、その表現が多少オーバーになったり前後がやや矛盾したりすることも避けられない。これに対し、取調官の側は、通常、複数の証人を立てることが可能であるうえ、毎日職務として行っていることに関する証言であるから手馴れている。証言もおおむね理路整然としたものとすることができるし、事前の打合せをしていれば証言の抵触も回避することができる。

そのうえ、裁判官の中には、「被告人は罪を免れたいという気持ちがあるから嘘をつく動機があるが、取調官にはそういう動機がない」と本気で考えている者が少なくない。そうなると、上記のような双方の供述に接した裁判官が、「被告人の供述より取調官の証言の方が信用できる」という判断に達するのはほぼ確実である。

しかし、証言台に立った取調官は往々にして虚偽の証言をする。私は、そういう実例をいくつも知っている。彼らが嘘をつきたいと考える動機も容易に推測できる。それは、「たとえ彼らが実際に違法行為をしていたとしても、それを認めることは組織における自分の立場を失うことを意味するから」ということである。こう考えると、捜査官に嘘をつく動機がないと考えることがいかに現実的でないかが理解される。被告人の供述が取調官の証言と抵触したとしても、そのことから直ちに被告人が嘘をついていると断定するような認定は、とうてい許されることではない。

この問題は、最終的には「取調べの全面可視化」によって解決されるべきであるが、それが当面難しいとすれば、裁判所としては、本来の立証責任の原則に忠実に、「被告人と取調官の言い分が食い違って水掛け論に陥った場合は捜査官の負け」と割り切るほかはない。

7　「合理的疑い」とは具体的にどのようなものと考えるべきか

有罪判断と無罪判断の分水嶺は、「合理的疑い」の存否であるとされている。この点に異論を述べる者はいない。しかし、それでは「合理的疑い」とはどういう疑いをいうのかということになると、議論はたちまちはっきりしなくなる。これをどう考えるべきか。

何度もいうように、刑事裁判における立証責任は検察官にある。しかし、検察官に「絶対的真実」「客観的真実」を立証せよと求めることは、不可能を強いることになる。先に述べたように、人間のする裁判で絶対的なものの立証を求めるのは、そもそも無理なことだからである。しかし、他方、「無辜の処罰」は何とかして回避しなければならない。ここで考え出されたのが、「合理的疑い」という概念である。

そこで、その内容をどう捉えるべきかが問題となる。最高裁は、この点について、つい最近次のような説明をした(16)。すなわち、「合理的な疑いを差し挟む余地がないというのは、反対事実が存在する疑いを全く残さない場合をいうものではなく、抽象的な可能性としては反対事実が存在するとの疑いをいれる余地があっても、健全な社会常識に照らして、その疑いに合理性がないと一般的に判断される場合には、有罪認定を可能とする趣旨である。」というのである。これは、従前の判例（最判昭和二三年八月五日刑集二巻九号一一二三頁、最判昭和四八年一二月一三日判時七二五号一〇四頁）の説明と多少言葉は異なるが実質的には同趣旨とみてよい。

また、多くの学説も、従前これと大同小異の説明をしてきた。たとえば、団道重光『新刑事訴訟法綱要〔七訂版〕』（創文社、一九六七年）二九一頁は、合理的疑いを超えた心証について「裁判官がみずからの良心に照らして確実と考え、かつ合理的判断力をもつ一般人を納得させうるような資料と論理法則経験法則に支えられた心証」と説明し、他の多くの学説の説明もおおむね似たようなものとなっている(17)。

しかし、判例・学説が「合理的な疑い」をこのように説明したからといって、問題が解決したことにはならない。なぜなら、この定義も、最終的には「健全な社会常識」「一般人」などというやや曖昧な概念を媒介項として判断することとしており、判断者は、自分の抱いた疑問が果たして「健全な社会常識に照らして合理的なものであるかどうか」という点について悩まなければならないからである。「健全な社会常識」という言葉はわかったようでなかなか捉えどころがない。ある人が社会常識であると思うことが他の人には非常識と思われることもある。

結局、これらの判例・学説を参考にして考えると、この問題については次のような思考過程をとるのが相当であるということになるであろう。すなわち、判断者（裁判官、裁判員）が有罪判決を言い渡すには、証拠を厳密に検討した結果、検察官の立証によって検察官の主張が「間違いない」という心証（確信）を抱くことが必要である。もちろん、この「間違いない」という心証に「絶対性」は求められないが、それに近いもの（「確実性に接着する蓋然性」。平たい言葉でいえば、「まず絶対に間違いない」）が求められる。そして、そのうえで、判断者は、自らの確信が自分限りの個人的・独善的なものではないか、常識をわきまえた一般国民の大多数が納得できる程度の客観的な根拠に基づくものであるかどうかについて、謙虚な姿勢で慎重のうえにも慎重な検討をすべきである。

このような検討方法によれば、結果として、「合理的疑い」の幅を可能な限り広めにとり冤罪を防止するという方向（後記三2(8)）に行き着くはずである。

三　冤罪の発生を最小限度にとどめるために、どのような具体的方策を考えるべきか

1　冤罪の発生を完全に防ぐ方法はあるか

以上のような現実の仕組みを前提として考察すると、刑事裁判で冤罪の発生を完全に阻止することは難しいという結論になる。それは、残念なことではあるが、現実である。しかし、冤罪が最大の不幸であることは明らかであるから、私たちは、そのことを十分に意識して、冤罪の発生を可能な限り少なくする（限りなくゼロに近付ける）ように努力すべき責務がある。

2　冤罪を最小限度にとどめるためには、具体的にどのような点に留意すべきか

それでは、冤罪の発生を最小限度にとどめるためにはどういう点に注意しなければならないか。この問題は、これまで述べた刑事裁判における病理現象をいかに最小限度にとどめることができるかということに尽きる。そういう意味では既に論じ尽くした感がしないでもないが、以下、一・二での検討を前提として、このような観点から、刑事裁判官として留意すべき事実認定上の留意点を具体的に指摘してみる。

(1)　被告人の言い分に率直に耳を傾け、提起された疑問点については徹底的に審理を尽くすこと

事実認定をする裁判官にとって一番大切なことは、何よりもまず、被告人の言い分に率直かつ十分に耳を傾ける

ことである[18]。これは、余りにも当然のことであり、「基本中の基本」であるといわなければならない。しかし、まことに残念ながら、現実の刑事裁判においては、この当然のことが必ずしも励行されているとはいえない。それはなぜか。

この点について、後藤昌次郎弁護士は、刑事裁判実務に対し次のような痛烈な批判をしている。すなわち、それは、「自白は証拠の女王である。いまだに起訴状が干の座を譲らないからだ。」というものである[19]。そのいわんとする趣旨が、刑事裁判官は、現実には起訴状を見ただけで被告人に有罪の予断を抱いてしまう、という点にあることは容易に理解できる。私としては、まさかこのような実態があるとは考えたくないが、前記二4(1)で指摘した実情を前提とすると、絶対にあり得ないことではないかも知れない。裁判官としては、まかり間違っても、弁護人サイドからこのような批判を受けることがないよう、十分自戒しなければならない。

また、起訴状から心証をとるわけではなくても、検察官側の立証が先行する裁判システムにおいては、裁判官がこれによって「被告人はクロ」という心証を形成してしまうことが十分考えられる[20]。そうなると、裁判所が被告人の弁解を真面目に聞こうとしなくなるということにもなりかねない。しかし、裁判官が検察官立証段階での心証に捉われることはきわめて危険である。そういう心証のとり方は、えてして冤罪発生の原因となる。

現実の事件では、被告人の弁解が一見きわめて「滑稽」に（場合によっては「荒唐無稽」にすら）聞こえることがないではない。しかし、「事実は小説より奇なり」という言葉を忘れてはならない。一見滑稽に聞こえる弁解の中に真実があるという場合はけっして「きわめて稀」というわけではないのである。私は、そういう実例をいくつも経験した。当初は「まさか」と思った被告人の弁解が、審理を重ねるに従って排斥しがたい説得力を有することに気付かされ、結局その弁解を採用するようになった事例が少なくないのである[21]。裁判官が「弁護人の主張・立証に十分耳を傾け、提起された問題点について徹底的に審理を尽くす」という姿勢を貫けば、それだけでも、いまわしい冤罪は大きく減少するはずである。裁判官は、疑問点に関する事実の解明に消極的であってはならない。

以上は、裁判官を例にしての説明であるが、同じことは捜査官、弁護人の場合にももちろん妥当する。捜査官が被疑者の弁解に十分耳を傾けることなくやみくもに自白を迫るという取調べ方法は、絶対にあってはならない[22]。また、公判段階になって選任された弁護人が、詳細な自白調書から有罪心証を得てしまったため、被告人の言い分を本気で受け止めることができず、逆に自白を慫慂してしまうという事態も、従前なくはなかった。弁護人のこういう態度は、法曹として絶対に許されないものである。

(2)　事実認定の中心に据えるべき物的証拠については、その保管の連続性などについて厳密な審査をし、疑問がある場合は、証拠物に対する捜査官の作為の有無を徹底的に解明すること

事実認定において中心に据えるべきものは、自白や目撃証言ではなく物的・客観的証拠である。従前、いかにも信用性のありそうにみえる詳細な自白に引きずられてした有罪判決が、後刻の検討によって誤りであることが明らかにされる事例が頻出した。そのため、近時の裁判例及び学説は、物的証拠ないし客観的に明らかな事実を中心に据えて検討すべきである、という点で一致している。

供述証拠には、その獲得過程に先に述べたような問題があり得るし、伝聞法則が危惧するような誤りの介入する余地もあるので、その評価に困難を生じやすい。これに対し、物的証拠はものをいわないから、少なくとも嘘をつくことがない。したがって、事実認定においては、何よりもまず、物的証拠を重視しこれを中心に据えて判断すべきである。また、物的証拠ではなくても、双方の当事者が争わない客観的に明らかな事実も、これに準じてよい。

問題は、こういう物的証拠にも、ときにいかがわしいものが紛れ込むことがあり得る点である。捜査官の作為と

か過失によって、本来事件と関係のない物体がいかにも関係のある物的証拠のような外観をとって検察官から提出されることがあり得る。

これは、はなはだ残念なことではあるが現実である。白鳥事件や鹿児島夫婦殺し事件の例がそれを実証している(23)。捜査の経過などを厳密に検討すれば、捜査官がそのような行為に出たくなる理由もおおよそ見当がつく。したがって、裁判官は、こういうことが十分あり得るという前提で事件を審理しなければならない。証拠物の保管の連続性や作為の有無に関する事実関係を徹底的に解明すべきことは当然である。裁判において、「捜査官に対する信頼の原則」はあり得ないことを銘記すべきである。

(3)　自白の任意性を厳しく審査すること

任意性の法的判断基準自体についても判例の再検討が必要であるが、それ以前の問題として、取調べ状況に関する事実認定を厳格に行い、捜査官の違法・不当な行為を見逃さないように注意する必要がある。この問題についても、裁判所にとって「捜査官に対する信頼の原則」はあり得ないことを十分意識すべきである（なお、前記二6参照）。

(4)　自白の信用性に関する「注意則」を「実質的に」検討すること

(特に、「人はやってもいない犯罪、それも極刑も予想される重大犯罪をそう簡単に自白するものではない」というような誤った固定観念を払拭すること)

自白の信用性判断においては、従前積み重ねられてきた「注意則」に留意することが重要であることは当然である。しかし、単にこれを形式的に検討しただけでは、正しい事実認定に到達し得ない。自白を迫られた被疑者の気持ちを裁判官がどこまで理解し得るかによって、判断が大きく異なってくるのである。

たとえば、注意則は、自白の信用性判断に関しては、「自白の経緯」を慎重に検討せよと指摘する。確かに、長期間の厳しい取調べによって得られた自白は、そのこと自体から信用性に疑問を差し挟むべきであり、短期間で得られた自白と比べ信用性の低い場合が多いことは事実である。しかし、注意則の検討を形式的に行って、「この自白は、短期間の取調べによって得られたものであるから信用性が高い」と判断すると、誤った結論に到達することがある。注意則を「実質的に検討する必要がある」と強調するのは、こういうことがあるからである。

この考えが「人はやってもいない犯罪、それも極刑の予想される重大犯罪をそう簡単に自白するものではない」という一般論と結び付くと、きわめて危険である。一般国民はもとよりプロの裁判官の一部も、このような固定観念に強く支配されているように思われ、現に最高裁判例の中にすら、そういう判示をしている例がある(24)。しかし、この一般論は、けっして実証されたものではなく、以下に述べるように、過去の経験は、それが誤りであることを示している。

確かに、鹿児島夫婦殺し事件の被告人のように、連日の長時間にわたる厳しい取調べに必死に堪えて二ヶ月半も否認を貫いた被疑者もいないではない。しかし、そのような取調べに堪え得るかどうかは、被疑者の資質いかんによるところが大きいのであって、すべての被疑者が厳しい取調べに長期間堪え得るわけではない。むしろ、これまでの実例に照らすと、この鹿児島夫婦殺し事件の被告人のように長期間の取調べに堪えた被疑者はきわめて稀である。近時の研究によると、殺人、強盗殺人、放火殺人というような重罪で取調べを受けた被疑者でも、多くの場合は、取調べを受けて二、三日以内に（中には即日）虚偽自白に追い込まれたことが明らかになっている(25)。

他方、近時の心理学者の研究によって、無実の被疑者が簡単に虚偽自白に追い込まれる心理的なメカニズムが次第に解明されてきた(26)。それによると、無実の被疑者は、実際に罪を犯していないために、自白することに現実感を抱けず、厳しい取調べによって受ける現在の苦痛を免れたいと考えて、容易に虚偽自白に落ちる傾向があるというのである。この説明は、上記のような過去の実例を前提に考えると、きわめて説得力に富む。

また、被疑者が一般的に裁判官に対し絶大な信頼感を抱いているという事実にも注目する必要がある。日常の法廷では「警察官からさんざん厳しい取調べを受けて虚偽の自白をしてしまったが、公判で本当のことをいえば、裁判官にだけはわかってもらえると思っていた」という弁解がされることがある。こういう被疑者の心理は十分に理解できるものと考えるべきであるが、被疑者の心理に対する洞察が足りないと、これを『為にする弁解』と切り捨ててしまいかねない。裁判官としては、このような被疑者・被告人の心理をよく理解したうえで自白の信用性を慎重に判断すべきである。先に述べたような、いまだ立証されていない誤った固定観念を払拭して、これにとらわれることがないよう十分注意する必要がある。

(5)　間接事実（情況証拠）は、その証拠価値の評価に限界があると理解して慎重に扱うべきこと（特に、アリバイに関する被告人の主張が立証されなかった場合の考え方について）

自白の偏重を避けるべきであるということになると、事実認定においては、前記(2)のとおり、物的証拠や情況証拠の存在が当然重みを増してくる。これは、避けられないことである。

しかし、そうであるからといって、間接事実（情況証拠）の証拠価値を過大に評価して安易に有罪認定をしてしまうことがあってはならない。この点にも十分注意する必要がある。

間接事実は、多くは断片的である。そして、その断片をつなぎ合わせることによって一つの仮説を想定し、その仮説が真実であると認定するのが間接事実による事実認定である。

この場合、まず注意すべき点としては、個々の間接事実が合理的疑いを超えて立証されていることを確認することである。「合理的疑いを超えた立証」は、有罪・無罪の最終的な判断について妥当するもので、その前提となる個々の間接事実の認定についてはそこまでの立証は必要ない、という見解もある。しかし、そういう頼りない事実をいくら積み重ねても、それによって被告人を有罪と認めるために必要な「合理的疑いを超えた立証」が可能になるはずがない(27)。さらに、間接事実の証拠価値の限界を的確に認識することも必要である。有罪を疑わせる有力な間接事実が複数存在していても、これと抵触し無罪方向を向いた別の間接事実が存在すれば、間接事実全体としては被告人の有罪を推認させる力が大幅に低下する。こういう点にも十分留意すべきである。また、たとえば、「被告人が犯人であることと矛盾しない」という程度の証拠価値しかない間接事実をいくら積み重ねても、それによって「合理的な疑いを超えた立証」があったとすることはできない。

この問題と関連して、被告人のアリバイ主張が立証されなかったことをどう考えるか、という問題について言及したい。

被告人によって主張されたアリバイが立証されなかったからといって、それが被告人の有罪認定の根拠となると考えるのは誤りである。身に覚えのない犯罪で起訴された被告人は、降りかかる火の粉を避けようとして、いろいろな弁解をする可能性がある。そのこと自体は責められない。だから、被告人が主張したアリバイが立証されなかったからといって、そのことが被告人の有罪を示す重要な指標になると考えるのは、明らかに短絡的である。

私は、かねがね、アリバイ主張が否定された場合の考え方について、以下のように主張している。すなわち、アリバイが立証されなかったという事実それ自体は、被告人にとって有利でも不利でもない中立的なものである。ただし、それを超えて、アリバイ主張が積極的に虚偽であると立証された場合には、被告人の供述一般の信用性を低下させる効果があるから、その限度では被告人に不利に働く。しかし、アリバイ主張が立証されなかったことによって被告人が受ける不利益はあくまでそこにとどまるのであって、これを超えて一般的に、それが被告人にとって不利な有罪証拠になるものではない、と。[28]

しかし、近時の裁判例の中には、被告人のアリバイ主張が虚偽であると立証された場合には、そのこと自体が被告人を有罪と認める有力な証拠になるとするものがある。[29] この見解は、とうてい支持することができない。[30]

さらに遡って、アリバイ主張が虚偽であると立証されたのか、単に主張を認める証拠が不足したにとどまるかという判断も、現実的には難しい。鹿児島夫婦殺し事件における一・二審の審理では、被告人のアリバイ主張を支持する証言が得られず、あたかも被告人が虚偽の主張をしたかのような外観を呈していた。そして、このことが一・二審裁判所の心証に大きく影響したのではないかと思われる。しかし、重大犯罪が発生した狭い地域社会においては、嫌疑を受けた被疑者に対する偏見や自分自身の保身から、住民の多くがえてして警察の見込みに合致するような供述をする可能性がある。被告人のアリバイ主張を否定する住民の証言しか得られなかったからといって、その証言が常に真実を語っていると無条件に信じることは危険である。まして、注10記載の日野町事件においては、アリバイ証人として尋問された証人の証言中に、一部ながら被告人の主張を支えるものが存在する。そういう証言を無視して、アリバイ主張が虚偽であったと論断する判示には、とうてい賛成できない。

(6)　不意打ち認定を極力回避すること

不意打ち認定が許されないことは、当然である。私は、その理由として、以下の四点を指摘してきた。すなわち、①不意打ち認定は、現行法が前提とする当事者主義に反する、②それは、反対当事者の防御権を侵害する、③その結果、十分な反対立証を経ずにされるので、実体的真実と乖離した認定に到達する蓋然性がある、④これが許されると、被告人側があらゆる可能性を前提として防御しなければならなくなるので、「迅速な裁判」の理想にも反する、などである。[31]

裁判所が、検察官の主張していない事実を突然認定して、被告人の弁解を排斥するのが許されないのは当然として、個々の具体的な証拠の評価についても、できるだけ反対当事者による反論を聴取したうえで事実を認定すべきである。

(7)　証拠に対して謙虚になること

刑事裁判においては、裁判官・検察官はもちろん弁護人ですらも、通常、被告人が真犯人であるかどうかを知ることができない。ただ、残された痕跡（証拠）から、被告人が犯人かどうかを推測しているにすぎない。しかし、法廷にいる被告人だけはそれを知っている。裁判官は、被告人以外に誰も正解を知らない問題について、自分が正解であると信じる答えを出す。裁判とはこういうシステムの上に成り立っているのである。よく考えると、これはまことに恐ろしいことである。

映画監督の周防正行氏は、「そういう場合、裁判官は『被告人に裁かれている』という感じを持って当然ではないか」、といわれる。(32) 私は在官中そこまでの意識を持つことはなかったが、考えてみればそういう意識を抱いて当然であるかも知れない。そういう意識を持てば、裁判官はおのずから証拠に対して謙虚にならざるを得ないし、妙な屁理屈や言葉尻を捉えた推測によっては事実認定をすることができなくなるはずである。

(8)　合理的な疑いの範囲を可能な限り広めにとること

人間のする裁判において、間違いはつきものである。どんなに厳格に証拠を評価したつもりでも、「無辜の処罰」の危険は回避できない。

裁判官は、「真犯人取り逃がしの不正義」と「無辜の処罰の不正義」が、けっして一対一の対応関係に立つものではないことを思い起こし（前記二3）、「合理的な疑い」の範囲を可能な限り広めにとり、まかり間違っても「無幸の処罰」に道を開くことがないよう、自省・自戒すべきである。[33]

四　結　語

以上、いろいろと述べてきたが、刑事裁判における事実認定という困難で複雑な作業を正しく行うために一番重要なことを最後に述べたい。

私は、結局それは、裁判官が、刑事裁判の最大の不幸である「冤罪の発生」を「何が何でも阻止するのだという気構えを持つこと」、そして、「被疑者・被告人という弱い立場に置かれた者の気持ちを理解すること」に帰着すると思う。

刑事裁判は、人の人生を決定的に左右する。結論が仮に罰金や執行猶予付きの懲役刑という比較的軽い刑であったとしても、犯してもいない罪を犯したと認定された被告人の無念さがどれほどのものであるか、裁判官は自分をその立場に置いて想像してみるべきである。[34] まして、それが短期間ではあっても実刑判決であった場合の無念さ、さらには、身に覚えのない罪で無期懲役とか死刑という究極の刑罰に処せられた場合の恐怖感は、想像するだけでも恐ろしい。

刑事裁判官は、自分たちのしている仕事の責任がいかに重いものであるかを再認識し、先に述べたような気持ちで裁判実務に当たるべきである。「冤罪発生の阻止」に必要なものは、最後は「刑事裁判の心」なのである。

1　たとえば、渡部保夫『無罪の発見――証拠の分析と評価』（勁草書房、一九九二年）、守屋克彦『自白の分析と評価――自白調書の信用性』（勁草書房、一九八八年）、司法研修所編『自白の信用性――被告人と犯行との結びつきが争われた事例を中心として』（法曹会、一九九一年）。小林充ほか編『刑事事実認定（上）（下）――裁判例の総合的研究』（判例タイムズ社、一九九二年）。比較的最近の代表的な文献として、石井一正『刑事事実認定入門』（判例タイムズ社、二〇〇五年）、植村立郎『実践的刑事事実認定と情況証拠〔補訂版〕』（立花書房、二〇〇六年）、小林充ほか編『刑事事実認定重要判決50選（上）（下）〔補訂版〕』（立花書房、二〇〇七年）。

2　『刑事裁判の心――事実認定適正化の方策〔新版〕』（法律文化社、二〇〇四年）一五七頁以下、『事実認定の適正化の方策――続・刑事裁判の心』（法律文化社、二〇〇五年）三頁以下。なお、以下においては、前著を『刑事裁判の心』、後著を『続・刑事裁判の心』として各引用する。

3　特に、『刑事裁判の心』の「はしがき」、『続・刑事裁判の心』六頁。

4　二〇〇七年一月二六日付け読売新聞夕刊。以下、「氷見事件」という。なお、二〇〇六年八月二三日付け毎日新聞夕刊には、轢き逃げ事件で起訴された男性に対し、公判係属中に真犯人が出現したという理由で無罪判決が言い渡されたという記事が掲載されている。

5　〔宇和島事件〕松山地裁宇和島支判平成一二年五月二六日・判時一七三一号一五三頁。

6　最決昭決昭和五〇年五月二〇日刑集二九巻五号一七七頁。

7　石井一正「ブックレビュー『木谷明著　刑事裁判の心――事実認定適正化の方策』」判タ一一四四号四四頁。

8　後藤昭「深夜の公園撲殺事件」平川宗信ほか『刑事法演習〔第二版〕』（有斐閣、二〇〇八年）二二一頁。

9　周防正行『それでもボクはやってない』（幻冬社、二〇〇七年）二六九頁。同旨の指摘は、佐藤博史『刑事弁護の技術と倫理』（有斐閣、二〇〇七年）一一頁、一六六頁、二五一頁、三二六頁にもみられる。

10　このような取調べは、捜査が難航する事件では警察の常套手段であるように感じられる。古いものとしては、①過日異議審で再審開始決定が取り消された「名張り毒ぶどう酒事件」（名古屋高裁決平成一八年一二月二六日判タ一二三五号九四頁）がある。この事件では、任意取調べが開始された後、最初の二、三日の取調べは、比較的短時間であったが、その後は一日一二時間、一三時間、一六時間という長時間の取調べが行われたと認定されている。②再審請求を棄却した「日野町事件決定」（大津地裁平成一三年（た）第一号同一八年三月二七日決定〔公刊物未登載〕）でも、警察が身柄不拘束の被疑者に対して行った取調べは、三日間連続して、午前八時ころから午後一〇時ころまでであったと認定されている。また、③比較的最近、県に対する損害賠償請求が認容された鹿児島の「踏み字事件」（鹿児島地裁平成一六年（ワ）第二六三号同一九年一月一八日判決（公刊物未登載））でも、身柄不拘束の被疑者に対し、三日間連続して、一日一二時間を超える長時間の取調べがされたと認定されている。さらに、④最近、踏み字事件に関連する「鹿児島の選挙違反事件（志布志事件）」（鹿児島地裁平成一五年（わ）第一九号等同一九年二月二三日判決（公刊物未登載））では、起訴された被告人一二人全員に無罪判決が言い渡されこれが確定したが、この判決においても、逮捕・勾留されているわけでもない被疑者に対し、連日長時間の取調べが行われた事実が認定されている。なお、「踏み字事件」を含む鹿児島の選挙違反事件（志布志事件）全体に関する問題点について、拙稿「鹿児島選挙違反事件にみる密室取調べの弊害」法セミ五〇巻三号七六頁以下（本書一三〇頁以下）参照。

11　最判昭和五三年七月一〇日民集三二巻五号八二〇頁。

12　詳細につき、前掲注**10**記載の拙稿参照。

13　『刑事裁判の心』五五頁。

14　前掲注**11**記載の「名張り毒ぶどう酒事件」異議審決定及び「日野町事件」再審請求棄却決定は、被告人が任意の取調べ段階で自白したという点を重視して自白の任意性を肯定している。しかし、任意取調べといいながら、その現実は、連日一日一二時間を越える長時間にわたるものであったことからすれば、任意というのは名ばかりであると評価するのが常識的である。形式的に任意の取調べであったかどうかという点に注目するのでなく、取調べの実質に着目して任意性を厳格に判断する必要がある。なお、前掲注**10**記載の鹿児島の選挙違反事件（志布志事件）判決が、過酷な取調べ状況を認定して自白の信用性を否定したのは当然であるが、そこまで認定しながら自白の任意性を否定しなかったのは、とうてい理解できない。

15　布川事件確定三審決定（最決昭和五三年七月三日判時八九七号一一四頁）参照。なお、旅券法違反事件東京地裁決定（東京地決平成一二年一一月一三日判タ一〇六七号二八三頁）は、取調べ状況に関する取調官の証言の一部が物的証拠に反して信用できないとしながら、それ以外の点については信用性を認め、これに反する被告人の供述を排斥している。こういう採証の方法は、明らかに不当である。

16　最決平成一九年一〇月一六日刑集六一巻七号六七七頁。

17　詳細については、中川孝博『合理的疑いを超えた証明』（現代人文社、二〇〇三年）二六四頁以下、野間禮二「犯罪の証明——確信と合理的疑いを超える証明」判タ八八八号四頁以下など参照。もっとも、後藤昭「自由心証主義・直接主義と刑事控訴審——平田元氏の論文を契機として」千葉大学法学論集二巻二号三一頁は、「合理的な疑い」を客観的に捉えようとして別の説明をし、中川・前掲は、裁判官の心証形成過程に注目した独自の説明をしている。

18　『続・刑事裁判の心』二四頁。

19　下村忠利「刑事弁護語録」季刑四六号一九五頁、本書一七〇頁。

20　周防・前掲注**9**二四六頁。

21　浦和地判平成三年一二月一〇日判タ七七八号九九頁、同平成四年一月一四日判タ七七八号九九頁その他。なお、この点については、本書一八二頁以下参照。

22　二一世紀の日本においていまだにこういう取調べが行われているということは、一般には信じがたいことのように思われるが、残念ながら現実である。この点については、被疑者に「踏み字」を強要した前掲注**10**記載の「踏み字事件」や、任意捜査二日目で虚偽自白を引き出した前掲注**4**記載の「氷見事件」、さらには、僅か六時間の任意取調べによって被疑者から虚偽自白を引き出した前掲注**5**記載の「宇和島事件」などを想起されたい。

23　札幌高決昭和四六年七月一六日判時六三七号三頁、最判昭和五七年一月二八日刑集三六巻一号六七頁、前掲注**21**の浦和地判など。なお、『刑事裁判の心』五〇頁以下、一一五頁以下、『続・刑事裁判の心』六九頁以下、一〇〇頁以下をも参照。

24　千葉大チフス菌事件最高裁決定（最決昭和五七年五月二五日判時一〇四六号一五頁）および前掲注**15**記載の布川事件確定三審決定。なお、比較的最近の下級審裁判例の中にも、自白の信用性を肯定する際に、この見解を援用するものが目立つ。前掲注**10**記載の「名張毒ぶどう酒事件異議審決定」および同じく「日野町事件再請求棄却決定」など。ちなみに、石井・前掲注**1**六〇頁、六四頁は、「この一般論に過度にあるいは安易に依存しないで、慎重に判断する必要もある」という留保を付したうえで、チフス菌事件などに関する最高裁決定の判示を援用している。しかし、警察による現実の取調べ方法を前提とする限り、むしろ「そのような経験則は存在しない」と言い切るべきであろう。

25　田中輝和「長時間の取調べにより、短期間内に虚偽の自白がなされる危険性（上）」判時一二九五号九頁。

26　浜田寿美男『自白の心理学』（岩波書店、二〇〇一年）特に一〇一頁以下。

27　石井・前掲注**1**一一三頁。

28　『続・刑事裁判の心』一二四頁。

29　「日野町事件」確定一審判決（大津地判平成七年六月三〇日判時一五八〇号四七頁）。

30　これに対し、石塚章夫「女性酒店主を殺害したとの事実につき、被告人の自白調書の内容は必ずしも信用できないが、その他の情況証拠から被告人が犯人であることを認定できるとして有罪判決を言渡した事例ほか」判時一六〇六号二四一頁は、「前記四人の証言の信用性が崩れないかぎり、本判決のような推定を受けるのもやむをえないのではないかと思われる。」としている。疑問である。

31　拙稿「不意打ち認定と訴因――昭和六三年判例への疑問」『小林充先生・佐藤文哉先生古稀祝賀刑事裁判論集（下巻）』（判例タイムズ社、二〇〇六年）一一三頁。本書七〇頁以下。

32　周防・前掲注**9**三〇〇頁。

33　このような判断をしても、「不合理な疑い」を「合理的疑い」に取り込むことにはならない。『続・刑事裁判の心』一八頁以下参照。

34　このような被告人の無念さを理解するためには、冤罪であると主張して法廷で闘った元被告人の手記がきわめて有益である。さしあたり、石原悟・松井清隆『酩酊冤罪　裁かれるべきは誰か』『同〈Ｐａｒｔ２〉』（現代人文社、二〇〇三年）、矢田部孝司＝あつ子『お父さんはやってない』（太田出版、二〇〇六年）、小泉智樹『彼女は嘘をついている』（文芸春秋、二〇〇六年）、上野勝＝山田悦子編著『甲山事件えん罪のつくられ方』（現代人文社、二〇〇八年）などは、刑事裁判官必読の書というべきである。

〈補注〉

なお、つい最近、電車内の痴漢事件について、一・二審の有罪実刑判決が最高裁で破棄・無罪とされる事例があった（最判平成二一年四月一四日）。重罪とはいえないこの種の事案で、最高裁が一・二審の事実認定に口を挟むのは異例のことであり、問題はそれだけ深刻であったと考えるべきである。本件では、被告人の犯人性を窺わせる証拠としては被害者証言しかなく、その内容に常識的に考えて不自然と思われる点があった。一・二審裁判官は、「この種事案で被害者が虚偽の被害事実を申告することはあり得ない」という前提に立ち、その不自然性を過小評価したもののようであるが、その前提は必ずしも絶対のものではない。被害者と被告人の各供述が対立し他に証拠がない本件のような事案においては、科学的・客観的証拠がいっそう重視されるべきである。一・二審裁判官としては、被告人が犯人であれば当然手指に付着していたはずの体液に関するＤＮＡ鑑定の結果などについて、もっと積極的に審理を遂げる必要があったと考える。

第三章　不意打ち認定と訴因——昭和六三年判例への疑問

一　はじめに

私は、最高裁調査官当時、いわゆる「よど号ハイジャック事件[1]」の調査報告を担当し、いわゆる「不意打ち認定」問題の深刻さを痛感した。もっとも、この事件について、私は、いろいろな機会に繰り返し触れてきたので[2]、詳細は省略する。要するに、最高裁は、被告人がアリバイを主張していた謀議の日について、原審が、争点を顕在化することなく卒然として一日ずらして認定した点に、不意打ちの違法があるとしたのである。

ところで、この判例の後、訴因変更手続を経由しないまま訴因とは別の事実を認定した一・二審判決について、それが「不意打ちに当たらないかどうか」という観点から検討された判例が二件出されている。①最決昭和六三年一〇月二四日刑集四二巻八号一〇七九頁（以下〔第1判例〕という）、②最決平成一三年四月一一日刑集五五巻三号一二七頁（以下〔第2判例〕という）がそれである。不意打ち認定を極力避けるべきであると信じる私にとって、この問題が最高裁で真剣に検討されたこと自体は歓迎すべきことであるが、これらの判例によって展開されている議論には、なお釈然としないものがある。

そこで、以下においては、これらの判例が展開する不意打ち認定ないし訴因変更論に関する私の疑問を明らかにして、諸賢のご批判を仰ぎたいと思う。

なお、この点について私は、『続・刑事裁判の心』の中で、自分が疑問と思う点を素朴な「感想」として述べておいた。しかし、それはいかにも素朴な感想であり十分に意を尽くしていないので、機をみてもう少し考えを整理してみたいと考えていた。たまたま今回、私の尊敬する二人の先輩の古稀記念論文集が刊行されることになったので、この機会に『続・刑事裁判の心』で述べた考えをやや整理・敷衍して説明しておきたいと考え、あえてこのテーマを選択することとした。

二　不意打ち認定が許されない理由

最初に、余りにも当然のことであるが、不意打ち認定がなぜ許されないのかという点を確認しておきたい。
私は、よど号事件の判例解説の中で、その理由をかなり具体的に記載したが、(3)重要な問題であるので、煩をいとわず、やや敷衍しながらもう一度確認しておくこととする。
私は、不意打ちの事実認定が許されないのは、根本的には、「当事者主義を基調とする現行刑訴法の精神に反する」という点に帰着すると考える。しかし、これでは余りにも漠然としているので、もう少し具体的に説明すると、それは、次の四点に要約されるであろう。すなわち、
まず、①それは、訴訟当事者の防御権を侵害する。現行刑訴法は、当事者主義、弁論主義を採用したといわれているが、それは、一定の立証テーマに対し相手方に反証の機会を十分に保障し、論争を尽くすことによって実体的真実に近付こうとする適正手続の考え方である。そうすると、相手方当事者の防御権は、訴訟当事者としての本

質的な権利であるから十分尊重されなければならず、これを不当に侵害することは、手続の適正という観点から許されない。

次に、②このことの裏返しになるが、それは、事実認定を実体的真実から乖離させる蓋然性を包含する。既に提出されている訴訟資料だけからすれば一定の事実認定に到達できそうに思われる場合であっても、その点に焦点を当てた反対立証が行われることによって右結論の誤りが明瞭になることは、現実の訴訟においてしばしば経験することである。そういう意味において、事実関係をよく知る当事者（特に被告人側）の防御権を侵害した手続による事実認定は、実体的真実から乖離する蓋然性を常に包含するといわなければならない。

さらに、③それを許すことは、円滑な訴訟進行を図るうえで重大な障害となる。もし、不意打ちの事実認定が許されることになると、被告人側は、訴因の同一性の範囲内と考えられる限度において、常にあらゆる可能性を考えて防御を尽くさなければならなくなる。そういうことでは、円滑な訴訟進行はとうてい期待することができず、審理はいたずらに長期化してしまうであろう。

最後に、④それは、判決の説得力・感銘力を著しく減殺する。被告人が、十分な防御の機会を与えられない手続で有罪認定を受けたとしても、これに納得しないのは当然である。私は、裁判の最も重要な役割は「紛争の適切な解決」であり、その究極的な姿は「被告人を含む訴訟当事者の納得」であると考えているが、不意打ちの判決は、どのように整然たる論理とレトリックを駆使してみても、けっして「説得力ある説明」にはならず、「紛争の適切な解決」にはほど遠いものになってしまうであろう。それればかりでない。このような裁判は、長い目でみた場合、裁判所に対する国民一般の信頼を著しく傷付けることにもなろう(4)。

以上の指摘は、よど号事件判例に関連して、訴因変更を必要としない事項に関する不意打ちについて述べたものであるが、この判例の趣旨は、訴因変更要否の判断でも、当然尊重されるべきものである。というより、そもそも不意打ちの問題は、できる限り訴因レベルで解決しておく方が望ましい。従来の判例が、訴因変更の要否の判断において、被告人に対する不意打ちの有無を重要な判断基準としていたことは、理由のないことではないのである。よど号事件の判例は、訴因変更要否の問題としては不意打ちを阻止できないケースでも、その後の訴訟指揮で不意打ちを防止すべきであるとする点に意味がある。そもそも訴因変更のレベルで解決できる問題を以後の訴訟指揮に任せるというような考えは、この判例に逆行するものというべきであろう。この点については、後に詳しく触れる。

したがって、訴因変更要否の判断の際においても、以上四つの視点が常に意識されてしかるべきである。

なお、③の視点は、今回の司法改革によって裁判員裁判が導入されたことに伴い、公判前の整理手続による争点の明確化やこれを前提とする連日的開廷の義務化などが立法されたことを前提とすると、これまで以上に重要になったというべきであろう(5)。

三　〔第1判例〕の概要

1　事案の概要と審理の経過

この判例は、自動車の運転による業務上過失傷害事件に関するものである。被告人は、時速三〇ないし三五キロメートルで普通乗用自動車を運転して、幅員約四メートルの道路を進行中、対向車と離合する際ブレーキを踏んだ。すると、被告人車は、突然右斜め前方に滑走して対向車と衝突し、その運転者が怪我をした。問題は、被告人車がなぜ滑走したかという点にあった。検察官の当初の訴因は、この道路には「石灰工場の粉塵等が凝固していたところへ、降雨のためこれが溶解して車輪が滑走しやすい状況」にあったから、「あらかじめ減速して進行すべき」業務上の注意義務があったとし、被告人にはこの速度調節義務違反の過失があったと主張していた。しかし、被告人は、路面に石灰が凝固して滑りやすい状況にあることを認識していなかったとして速度調節義務の存在を争った。

すると、検察官は、その理由は必ずしも明らかでないが、第一審の公判途中で、注意義務（速度調節義務）の前提となる事実のうち、「石灰が溶解して滑走しやすくなっていた」という部分を撤回し、単に「当時降雨中でアスファルト舗装の路面が湿潤し滑走しやすい状況であった」という事実だけに絞ってしまった。(6)

2　第一審判決

第一審裁判所は、この変更後の訴因を前提として審理を遂げた結果、被告人に対し無罪判決を言い渡した。その理由の要点は、以下のとおりである。すなわち、

① 単に降雨中であったというだけであれば、他に特別な事情がない限り、時速三〇ないし三五キロメートル程度で進行中の被告人にとって、対向車との離合のための制動措置によって自車が滑走するということまでは予見することができない。したがって、被告人にはそれ以上の速度調節義務はない。

② 付近の石灰工場の石灰が路上に流れ出して被告人車の車線だけ滑りやすくなっていた疑いがあるが、被告人がこの路面の状況を認識していたとか、認識し得たと認めるには疑問がある。

3　控訴審判決

これに対し検察官が控訴を申し立てた。そのうえで検察官は、第一審で撤回した「石灰の凝固・溶解」の事実を

加えた予備的訴因の追加を請求し、裁判所はこれを許可した。そして、審理の結果、控訴審は原判決を破棄したうえ、予備的訴因に基づき有罪判決を言い渡した。破棄理由の要点は、以下のとおりである。

① 被告人車が滑走した原因は、路面に付着していた石灰が折からの降雨で湿潤して被告人車の進行車線が滑りやすくなっていた点にある。

② このような滑走しやすい道路を進行する自動車運転者は、減速に当たって車両を滑走させないよう、適宜速度を調節する義務がある。

③ 被告人車の進行車線がこのように滑りやすい状況にあったことを、被告人は未必的に認識していた。

4　上告趣意

上告趣意は、種々の主張をしていてややまとまりがないが、判旨に関係すると思われる部分をわかりやすく要約してみると、次のとおりである。

原判決は、自らのした事実認定を前提としても、主位的訴因について被告人は無罪であると認めているのである。そうすると、原判決が第一審判決の事実誤認であると指摘している点(7)は、判決に影響を及ぼすものではない。したがって、原判決が第一審判決を事実誤認で破棄したのは、法令の違反であり著しく正義に反する。なお、原審では予備的訴因の追加が許可されているが、それは、原判決が破棄されて初めて審判の対象になるものである。

5　上告審判示

上告審判示を要約すると、以下のとおりである。すなわち、

①過失犯に関し、一定の注意義務を課す根拠となる具体的事実については、たとえそれが公訴事実中に記載されていても、訴因としての拘束力がないから、これが訴因変更手続を経て撤回されたとしても、被告人の防御権を不当に侵害しない限り、これを認定することは違法でない。

②(ア)「降雨によって路面が湿潤していた」という事実と、(イ)「石灰が堆積凝固していてこれが降雨で湿潤していた」という事実は、いずれも路面の滑りやすい原因と程度に関するもので、被告人の速度調節義務の根拠となる具体的事実である。

③したがって、(イ)のような、いったん公訴事実に記載され訴因変更の手続によって撤回された事実であっても、その認定が許されなくなるわけではない。

④本件では、控訴審において、(イ)を含む予備的訴因が追加されて、この事実の存否と被告人の認識の有無について証拠調べがされているから、被告人の防御権が侵害されたとはいえない。

四　〔第1判例〕の検討

1　私の疑問

本判例は、過失犯に関する訴因変更の要否について注目すべき見解を打ち出したものであるが、私には、よく理解できない点がいくつかある。たとえば、①本判例は注意義務の前提となる事実については訴因としての拘束力がないと言い切っているが、それがどういう理由に基づくものであるかという点、②この判例の示す訴因変更の要否に関する基準は、従前の判例で示されていた基準[8]と同じなのか異なるのかという点[9]、③本件を「過失態様が同一な事案」であると理解することが相当であるかという点等々である。以下、順次検討する。

なお、本判例に対しては、学界からこれを疑問とする見解(10)や問題点を指摘する見解も公(11)にされている。しかし他方、特に学説の批判(12)に対しては、担当調査官からも意欲的な反論が提起されており(13)、論争はいまだ決着していない。以下の論述は、これらの論争を踏まえたものではあるが、もとより私一人の見解であり思わぬ誤解もあるかもしれない。ご批判を期待する。

2　「注意義務の前提となる事実について訴因としての拘束力はない」とする論拠について
——従前の判例理論との関係

過失の捉え方には、種々の考え方があるが、「不注意によって犯罪事実を認識・認容せず法益侵害の結果を発生させること(14)」であると考えるのがわかりやすい。そして、そのことを前提として、実務では、訴因（公訴事実）や「罪となるべき事実」に過失を表示する場合に、①注意義務の前提となる具体的事実、②それを前提とする注意義務の内容、③これに違反する行為者の具体的行動を合わせて記載するのが通常である(15)。

ところで、本判例は、以上①ないし③のうち、①については訴因としての拘束力がないと断言しているのである。そのような結論が出てくる理由は、どこにあるのであろうか。本判例には、本件に関する事情として、「（降雨によって路面が湿潤していたという事実と、石灰の粉塵が路面に堆積凝固したところに折からの降雨で路面が湿潤していたという事実は）いずれも路面の滑りやすい原因と程度に関するものであって、被告人に速度調節義務という注意義務を課す根拠となる具体的事実である」という説示があるだけで、それ以上の説明がない。

そこで、調査官解説(16)をみると、そこでは、おおむね以下のような説明がされている。

すなわち、最高裁判例は、①「過失の態様に基本的な変動をもたらす性質のものであれば、訴因変更を必要とする」が、②事故の具体的状況に変動があっても、「過失の態様に基本的な差異をもたらさないような性質のもので被告人の防御に実質的な不利益を与えないものであれば」、訴因変更を要しないと解しているように思われ、本判例も、③「過失の態様に基本的な変動がなかった事案であるから」、訴因変更の要否に関するこれまでの最高裁判例の流れに沿ったものであるというのである。そして、そこには、最近の学説で同旨と考えられるもの(17)も援用されている。そこで、以下この解説を手がかりにして、判旨の当否について検討する。

解説は、一方において、従前の判例が訴因変更を必要としないとした場合につき、(ア)「過失の態様に基本的変動がない」ことのほかに、(イ)「被告人の防御に実質的な不利益を与えないものであること」を挙げているのであるが、他方、本件について訴因変更を不要とする根拠としては(ア)の点しか指摘していない。そして、そのうえで、本判例を、「従前の判例の流れに沿ったものである」と位置付けている。

そのため、解説が、訴因変更を不要とする要件として、①(ア)と(イ)を並列的なものと考えているのか、それとも、②(ア)の要件が充足されれば当然(イ)の要件も満たされるとする趣旨であるのかが、まずはっきりしないのである。

しかし、解説は、本件が判例の流れに沿うものであるとしたうえで、(ア)の点だけから訴因変更不要の結論を導き出しているので、どちらかといえば判例を②のように理解しているのではないかという推測が成り立つ。この立場からは、本判例が「注意義務の前提となる事実については訴因としての拘束力がない」といっているのは、「注意義務自体に変わりがない以上過失の態様に変動はないから、訴因変更は必要でない」という論理を示したものという理解が可能になる。

そこで、以下、解説と判旨を以上のように理解したうえで、訴因変更の要否を過失態様の変動の有無と連動させて考える②の見解を便宜「過失態様説」と、また、(ア)と(イ)を並列的な要件と考えて、過失の態様だけでなく被告人の防御の実質的な不利益の有無をも考慮する①の見解を「過失態様・防御説」と名付けたうえで、それぞれの当否を論ずることとする。

最初に、まずこの問題に関する判例・学説をごく簡単に概観しておく。

3　従前の最高裁判例について

解説が援用する最高裁判例は、以下の四件である。

① 最判昭和四六年六月二二日刑集二五巻四号五八八頁。
② 最判昭和四六年一一月二六日裁判集刑事一八二号一六三頁。
③ 最判昭和三二年三月二六日刑集一一巻三号一一〇八頁。
④ 最判昭和三六年一一月八日裁判集刑事一四〇号四七頁。

これらの判例のうち、①の事例は、「発進の際におけるクラッチペダルの踏み誤り」を過失とする訴因に対し「停止する際にブレーキを踏み遅れた」過失を認定した事例であって、過失の態様が異なることを理由として、訴因変更が必要であると判断したものである。

②の事例は、「酒酔いによる運転中止義務違反」の過失の訴因に対し、「動静不注視、前方不注視」の過失を認定した事例であり、これまた訴因変更が必要とされた。

③の事例は、片方が崖になっているカーブを左折する際、路肩に寄りすぎていたのに、中央方向に進行せず直進したため、車を路肩から脱出させて転落させたという訴因の過失に対し、中央方向に進行せず直進したため、軟弱

な路肩にかかって路肩が崩落し車輪が路肩から外れるなどして転落させたという事実を認定した事案につき、「過失の態様が異なるものの、……防御に不利益を及ぼさない」という理由で訴因変更手続を不要とした。

④の事例は、「道路右側を北方に向かって歩行中であった被害者に接触」させたという訴因の過失に対し、「道路左寄りから斜め右北方に向かって道路中央寄りに出て来た被害者に接触」させたと認定した事案につき、「前方注視義務を怠ったことによって道路上を歩行していた被害者に」自車を衝突させたということは同一であり、訴因変更手続を経ていなくても、被告人の防御に実質的不利益を与えるものではない、という点を挙げている。

これらの判例のうち、①②が過失の態様に変動があることから、訴因変更を必要と判断したものであること、④が過失態様の同一性から訴因変更不要の結論を導いていることは、解説の指摘するとおりである。

他方、③の判例は、判決認定の過失と訴因のそれとは「過失の態様が異なる」ことを認めながら訴因変更を不要としたものである。しかし、解説も他の多くの学説も[18]、この判例の事案は過失の態様が異なるとはいえないとして、判例は実質的には過失態様説に立つものと理解している。

このように、従前の最高裁の判例は、一見すると過失態様説をとっているようにみえる。しかし、判例は、過失の態様が異なる場合に訴因変更が必要であるとしているだけで、過失態様を異にしない場合には防御の必要性がいくら強くても訴因変更が不要であるといい切っているわけではない。「過失態様が異なれば訴因変更が当然必要であるが、過失態様が同一でも防御の必要が強い場合には訴因変更が必要となる。」という見解（これは、まさに前記**四2**で述べた過失態様・防御説である）が判例と矛盾するとはいえないと考える。

4　学説について

解説も紹介しているとおり、この点に関する従来の伝統的な考え方は、①注意義務の前提となる事実、②注意義務、③これに違反する具体的行動をいずれも訴因に記載し、①ないし③に重要な変動があれば、訴因変更を必要とするというものであったということができ[19]、実務の大勢もこれに従っていたと思われる。

これに対し、近時の有力な見解は[20]、「①②は、犯罪の日時・場所を特定するための部分と、③の過失行為の内容となる部分とに解消させて考えるのが妥当」であると指摘した。そして、その後、前記3の③記載の昭和三二年最高裁判例を「過失の態様に変化はなかった」事案であると捉え、過失態様説に根拠を与える有力な学説が登場する[21]。

しかし、過失態様説の論拠が従前説得的に説明されていたかといえば、必ずしもそうとはいえないと思われる。そこで、以下、遡って過失態様説が果たして合理的であるかどうかについて検討を進める。

5　「過失の態様に変動がなければ防御に実質的不利益はない」といえるか

過失態様説が正しいというためには、「前提事実が異なっても過失の態様に変動がなければ、防御の必要性は高くない」という点が論証されなければならないであろう。

しかし、過失態様が異ならなくても前提事実の違いにより被告人の防御の必要性が高いケースは、往々にして存在する。

一例を挙げよう。交差点における出会い頭の衝突事故において、訴因に「一時停止標識に従って停止しなかった」という過失が記載されることはよくある[22]。この場合、訴因記載の過失における「注意義務の前提となる事実」は、その交差点に「有効な規制標識である」一時停止標識が設置されていて、「被告人はそれを認識していた」という

事実であるはずである。もっとも、「　」内の事実は、当然であるとして省略されるのが通常である。(23)

ところで、この事件において、被告人側が、「当該交通標識は前方から見にくい状態であったので気付かなかった。そもそも、このような見にくい交通標識は、規制標識として無効である。」と主張し一時停止義務違反の過失を争ったとしよう。この場合、公判における主要な争点は、当然その規制標識の効力いかんということになる。

審理の結果、裁判所が、交通標識の効力には疑問があると考えたとする。しかし、取り調べた証拠によると、被告人車が交差点に進入しようとしていた当時、たまたま、交差道路から速度を落とさないまま交差道路を接近してくる被害車両があり、被告人もこれに気付いていたように窺われる場合がある。この場合、裁判所としては、「被告人は、速度を落とさないまま交差道路から交差点に接近してくる被害車両があることを認識していた」という別の事実を前提として、一時停止義務違反の過失を認定する必要があると考えるかも知れない。しかし、このような前提事実を被告人に明確な反論の機会を与えないまま認定することができると考えるのは疑問である。過失の態様が前後同一であっても前提事実が大きく異なる場合には、新たな前提事実について被告人側に防御を尽くさせる必要性は大きいと思う。

同様な例は、いくらでも挙げられるのではなかろうか。そして、このような事例において、もし訴因変更の手続を経ることなく新たな前提事実に基づいて有罪とされたとすれば、被告人は判決に容易に納得しないであろう。これは、判決の説得力・感銘力の観点からみても問題である（前記の二④の視点）。判決に説得力・感銘力を持たせるためには、当該被告人を有罪と認めるために重要な（少なくとも「決定的に重要な」）事実は、これを訴因に掲げて、その存否を正面から攻防の対象にすべきである（前記の二①②の視点）。

もっとも、過失態様説も、不意打ちは避けるべきだということは認めるので、新たな前提事実をめぐる争点を顕在化させて被告人に事実上防御の機会を与えるべきだということにはなる。(24) しかし、有罪認定をするうえで最も重要な根拠とされる事実を訴因に記載しないでおいて、これに対し事実上防御の機会を与えるだけで足りると解するのは、やはり相当でない。まして、本判例のように、争点顕在化の方法として控訴審における予備的訴因の追加で足りるというのであれば、検察官としては、第一審では訴因を変更せずにおいて、無罪判決が出された後、控訴審においてそのような手続をすることによって原無罪判決の破棄を求めることができることになってしまう。これでは、第一審軽視の風潮を生む原因を裁判所自らが作り出していると批判されても反論できないではないか。そして、そのような手続によって有罪判決を受けた被告人は、最終的には手続の適正に対し不信を抱き、裁判所に対する不満を募らせる結果となるであろう。それでは、判決の説得力・感銘力は、著しく低下してしまう。

以上の検討結果は、「注意義務の前提となる事実関係については、それが訴因として記載されていても、過失の態様に影響しない限り拘束力がない」という過失態様説の見解自体に反省を迫るものであるというべきであろう。

6　本件事案の検討

ところで、本判例は、前記5に指摘した例と比較しても、結論がより疑問とされる事案である。なぜなら、前記の事案においては、訴因記載の前提事実が認められれば、被告人にはともかく「一時停止」の義務が肯定される場合であった。したがって、訴因記載の注意義務と判決が認定した注意義務は、いずれも「一時停止義務違反」であって過失の態様は前後同一であるといえる。これに対し、本判例の事案では、変更後の訴因の掲げる前提事実だけでは、三〇ないし三五キロメートルで走行していた被告人に、判決が認定するようなそれ以上の速度調節義務があったとはにわかに考えられないからである。

確かに、訴因には、「路面が滑りやすかった」と記載されてはいる。しかし、変更後の訴因には、その原因として「降雨のため」としか記載されていなかったのである。そして、第一審判決が適切に説示するとおり、単に「降雨のため滑りやすい」というだけであれば、時速三〇ないし三五キロメートル程度で進行中の自動車が滑走して対向車線に突入するようなことは、通常（よほどの急ブレーキでも掛けない限り）考えられない。つまり、変更後の訴因記載の事実を前提とする限り、被告人には走行速度をあらかじめ調節して進行すべき注意義務はないことになるのではないか。

そうなると、控訴審で認定した「溶け出した石灰が降雨で湿潤していた」という事実及び「被告人がこれを認識していた」という事実は、被告人に「速度調節義務」を負わせるうえで決定的に重要な前提事実であるということになる。それは、過失の態様を左右するどころか、その存否自体を左右するものであるといわなければならない。このように重要な事実を訴因に掲げないまま裁判所が認定することができるという結論は、どう論理構成してみても説得力のあるものとはいえない。

7　前提事実を被告人が「認識していたかどうか」という争点と「認識できたかどうか」という争点の対比

上口裕[25]は、次のような疑問を提起して判旨を批判した。すなわち、これによると、本件における過失としては、「速度調節を怠った過失よりも、降雨時の本件現場付近の道路状況に関する予見を誤った過失の有無のほうが重要な意味を有している」のであるから、事故現場の道路状況は、「被告人の危険予見義務の存否ひいては本件過失の成否に影響する重要な事実」であるというのである。しかし、この批判に対しては、解説により、次のような反論がされている。すなわち、解説によると、本件では、「当初の訴因も変更後の訴因も、道路が滑りやすくなっていたことを被告人が認識していたことを前提として」おり、原判決も、被告人が「滑りやすくなっていることを認識していた」と認定したうえで速度調節義務を怠ったとしているのであるから、過失の態様に前後変動はない、というのである。

訴因記載の過失も原判決認定の過失も、ともに「路面が滑りやすくなっていることを被告人が認識していた」ことを前提とし、被告人に速度調節義務違反の過失があったとしているという点は、確かに解説の指摘するとおりであろう。そういう観点からすれば、訴因と判決の間に過失の態様に関する変動はなかったと、一応はいえそうにも思われる。(26)

しかし、問題は、さらにその先にある。もし、被告人において路面が石灰で滑りやすくなっている事実を知らなかった疑いがある場合には、検察官も、当然、「それを認識しなかったことが過失に当たる」として「前方注視義務違反の過失」を主張するであろう。そして、その場合であれば、過失の態様が訴因と明らかに異なってくるから、訴因変更が必要となることは、解説を含む過失態様説も認めざるを得ない。そうであるとすると、このように、石灰で滑りやすくなっていたことを被告人が認識していたという前提で過失を構成するか、認識していなかったという前提で構成するかという点が、訴因変更の要否を左右する決定的理由であるということになる。そこで、そのような結論が果たして合理的であるかが、次に問われなければならない。

「降雨で路面が滑りやすい」のに減速しなかったとしか記載されていない訴因を前提として審理してきた事件において、裁判所が、「降雨と石灰のため路面が滑りやすい」のに減速しないで走行したのが事故の原因であったと考えた場合に、被告人に過失責任を問うことが可能になるのは、次の二つの場合しかあり得ない。すなわち、それは、①石灰で滑りやすくなっている点を被告人が認識していたとき、または、②そのことを認識していなかったが前方を注視していれば認識することができ、その認識に従って速度調節義務を尽くしていれば事故を回避することができたときである。そして、この①②に該当するかという点は、いずれにしても、被告人にとってまったく新たな争点である。

ところが、過失態様説では、争点が②の場合であれば訴因変更が必要であるが、①の場合であれば訴因変更を不要とすることになる。

しかし、①の争点が、被告人にとって防御の必要がないとか低いとかいえるものでないことは明らかではなかろうか。ちなみに、本件第一審裁判所は、被告人は、「石灰の点を認識していなかったし予見することもできなかった」として無罪判決を言い渡しているのであるが、これは、変更前の訴因に対し被告人側の防御が一応の功を奏したからにほかならないと思われる。(27) もちろん、①の点が否定された場合には、さらに②の争点に進むわけであるが、そうであるからといって、①の争点に対する防御の必要が②の争点に対するそれより小さいなどといえないことは明白ではないか。

8　被告人に注意義務を課す根拠となる事実は、訴因としての拘束力を有するか

本判例は、前段において、「一定の注意義務を課す根拠となる具体的事実については、たとえそれが公訴事実中に記載されたとしても、訴因としての拘束力が認め」られないといい切っているが（以下「前段の説示」という）、その少し後では「降雨によって路面が湿潤していたという事実と、石灰の粉塵が路面に堆積凝固したところに折からの降雨で路面が湿潤したという事実は、いずれも路面の滑りやすい原因と程度に関するものであって、被告人に

速度調節という注意義務を課す根拠となる事実である」と判示している（以下「後段の説示」という）。そして、決定の文面だけからは、両者がいかなる関係に立つのかもう一つはっきりしない。しかし、以下においては、前段の説示は、注意義務の前提となる事実についてはいかなる場合にも拘束力がないというのではなく、後段の説示のように、それが同一類型の注意義務を基礎付ける根拠となる場合だけを念頭に置いたものであるという前提で、もう少し検討してみる。

先にも一言したとおり、降雨で路面が湿潤していただけの場合と、これに石灰が加わって路面がいっそう滑りやすくなっていた場合とでは、運転者に課せられる注意義務の程度・内容は大きく異なってくる。現に、本件第一審裁判所は、無罪判決の中で、「降雨だけの場合であれば、時速三〇ないし三五キロメートルで走行していた被告人には、それ以上の減速義務があるとはいえない」という趣旨の説示をしており、この結論は支持できそうに思われる。また、仮にここまで言い切るのが問題であるとしても、被告人に課せられる減速義務は、ほんの僅かなもので足りるとすることに異論はないであろう。

他方、路面に石灰が溶け出しこれに降雨による湿潤という事実が重なっていたとすれば、被告人に課せられる注意義務は、単なる減速義務どころではない。滑りやすさの程度にもよるが、あるいは時速一〇キロメートル以下の徐行ないし最徐行すら求められるかも知れない。

このように、訴因記載の前提事実によれば減速義務がないかあったとしてもほんの僅かのもので足りると思われるのに、判決認定の前提事実によれば「徐行ないし最徐行」まで求められるかもしれないのである。このような場合に、両者が「速度調節義務違反」という同一態様の過失に属するということから、訴因変更を必要としないとする結論に説得力があるであろうか。むしろ、訴因の記載を前提とする限り、減速義務が否定される可能性すらあることを考えると、両者が「速度調節義務という同一の注意義務の範疇に入る」という判示の前提自体にも疑問が出てくると思う。

9　控訴審判決の問題点

控訴審判決の問題点は、第一審判決の事実認定審査の段階で石灰による滑りやすさを被告人が認識していたと認定しそれを前提に過失を認めたために生じた。先にも一言したとおり、降雨の点だけであれば、時速三〇キロメートルないし三五キロメートルで走行していた被告人にそれ以上の速度調節義務があるとはにわかに認めがたい。しかし、石灰溶け出しの点を被告人が認識していたのであれば話は別である。その場合、被告人に対し速度調節義務が課せられるという結論に異論はないであろう。

しかし、それでは被告人には、本件衝突事故を回避するために、どの程度の速度にまで減速することが求められていたのであろうか。そして、それによって本当に結果を回避することが可能であったのであろうか。これらは、本件における被告人の刑責の有無・程度を考えるうえで重要な点である。

しかしながら、検察官が石灰の点を訴因から撤回してしまったため、第一審では、この問題について議論を深めることができなかったように思われる。

過失犯が成立するためには、過失と結果との間に因果関係が必要であることは、大審院以来の判例である。比較的最近、最高裁も、この点を確認している(28)。この最高裁判例の結論に対しては、学説上異論もあるが(29)、本件を検討するに当たり、この判例を無視してことを論ずるのは相当でない。

本件においては、「①石灰の溶け出しを認識していた場合に被告人に課せられるべき速度調節義務はどの程度のものか。そして、②その義務を尽くしていれば本件事故は回避できたのか。」などの疑問は、本件審理の過程で解明されることがなかった。訴因に記載された「あらかじめ減速して進行すべき」注意義務という言葉だけでは、その内容が明らかにされているとはいえないから、第一審においては、路面の滑りやすさの程度を確定したうえで、どの程度まで減速すべきか具体的に明らかにする必要があったはずである。しかし、検察官が、石灰の点を訴因から撤回してしまったため、この点に焦点を当てた審理はついにされなかったようである。

被告人の刑責の有無を決する最大の争点を訴因から外したうえ、控訴審における予備的訴因の追加という変則的方法による「争点の顕在化」で足りるとした本判例の弊害は、このような点にも現れているというべきであろう。

10　過失態様・防御説の提唱

以上の検討の結果、過失態様説を貫くとさまざまな不都合を生ずることが明らかになった。それでは、この問題をどのように考えればよいのか。私は、それに代わるものとして、過失態様・防御説を提唱したい。

この見解の結論をもう一度確認すると、それは、解説が訴因変更を必要としない場合として挙げた、①「過失の態様に基本的変動がないこと」と、②「被告人の防御に実質的な不利益を与えないこと」の双方を並列的な要件と考えるものである。すなわち、「過失態様に変動があれば必ず訴因変更が必要」とする点では過失態様説と同一であるが、過失態様に変動がなくても、たとえば前提事実に大きな変動があって防御の必要性が大きいときは訴因変更が必要と考えるのである。この結論は、きわめて常識的であって現実の訴訟の実態にも即しているといえよう。

それればかりではない。この見解は、その後訴因変更の要否について出された最高裁の二〇〇一（平成一三）年の重要判例（〔第2判例〕）の判示ともよく符合する。

すなわち、〔第2判例〕は、訴因変更の要否の判断基準について、①審判対象の画定という観点と、②防御の必要の観点とを区別したうえで、(ア)審判対象の画定に必要な場合は訴因変更が必要的になる、(イ)そうではなく、単に防御の必要から記載された事項も、訴因に記載された以上原則として拘束力がある、(ウ)ただし、審理の状況に照らし、被告人に不意打ちを与えるものでなく、認定される事実が訴因記載のそれより不利益でない場合には、訴因変更が不要となるという趣旨の判示をしている。

この判示自体にも検討の余地はあり得るが、今これを前提として考えると、過失の態様が変動する場合は、おそらく(ア)の場合に当たると思われるから訴因変更が必要的になる。しかし、過失の態様に変動がないという一事から、直ちに訴因変更が不要であるということにはならない。なぜなら、(ア)の場合に当たらなくても、(イ)の場合に当たり、この点について被告人側が十分な防御を尽くしていないのであれば、訴因変更が必要という結論が出てくるはずだからである。前記5に掲げた事例はその一例にすぎない。

本件について考えると、前提事実が、(a)「単なる降雨による路面の湿潤」にとどまるか、それに(b)「石灰の溶け出しが加わっていっそう滑りやすくなっていることを被告人が知っていた事実」が加わるかは、被告人の速度調節義務の有無・程度を大きく左右する重要な事実である。したがって、この点については、当然のことながら被告人の防御の必要が強い。その点を意識していたからこそ、検察官も、当初の訴因ではこの点を明記したと考えられるのである。(30) しかるに、本件第一審公判では、検察官が当初記載されていた(b)の事実を訴因から撤回してしまった。ここで検察官による「訴因の撤回」という訴訟行為の持つ意味を考えると、それは、「訴訟において、この事実の存在を主張しない」という意思を積極的に表明したものと解すべきである。そして、そのような意思が表明された以上、被告人側が、再度の訴因変更手続を経由しない限り裁判所がこの事実を認定することはないと考えるのは当然である。したがって、この撤回された訴因の存否をめぐってその後被告人側が真剣に防御を尽くすという事態は想定しがたい。そのため、訴因変更を不要とするための前記(ウ)の要件が充足されることはない。そうすると、第一審裁判所は、再度の訴因変更手続を経由しない限り(b)の事実を加えて過失を認定することはできなかったと考えるべきである。すなわち、その限度では、前提事実についても訴因の拘束力を認めるべきなのである[31]。

それでは、予備的訴因が追加された控訴審において、裁判所は、(b)の事実を認定して原判決を破棄することができるであろうか。〔第1判例〕は、これを肯定する。しかし、(b)の点が訴因から撤回されたままである以上、第一審裁判所がこの事実を加えて過失を認定することは、本来許されなかったというべきである。そうすると、いかに予備的訴因が追加され争点として顕在化されたとはいっても、第一審裁判所がこの事実を認定しなかったことを違法として咎めることは、事後審としての控訴審の権限を逸脱している。ことは、単なる不意打ちの問題ではなく、訴因の拘束力の問題であると理解すべきである。原判決がどうしても第一審の認定を是認できないというのであれば、検察官の再度の訴因変更の申立てを不許可とした第一審の訴訟指揮に違法があるとして、破棄・差戻しの裁判をする以外に方法はなかったと思われる[32]。

このように、本件原判決が第一審判決の当否の審査の段階で、いきなり(b)の事実を認定してしまったことは、訴因の拘束力さらには訴因撤回という検察官の訴訟行為を無視するもので違法・不当である。最高裁としては、すべからく、刑訴法四一一条を発動して、原判決を破棄すべきであった。

五　おわりに

本決定については、まだほかにも検討すべきことが残されている。解説が指摘するように、訴因には抽象的な記載だけをしておいて、詳細は冒頭陳述に譲るというような訴訟追行が許されるか。さらにはその方が好ましいのか。解説は、訴因に記載された事実であっても訴因として本質的でない部分には拘束力がないとするが[33]、本件のような事案において本質的な部分とそれ以外の部分とをどのようにして区別するのか、等々である。また、〔第2判例〕の詳細についても、できれば言及したかったが、他日を期することとする。

1　最判昭和五八年一二月一三日刑集三七巻一〇号一五八一頁。

2　拙著『刑事裁判の心――事実認定適正化の方策〔新版〕』（法律文化社、二〇〇四年）三六頁、同『事実認定の適正化――続・刑事裁判の心』（法律文化社、二〇〇五年）一二九頁。以下、前者を『刑事裁判の心』といい、後者を『続・刑事裁判の心』という。

3　拙稿・昭五八最高裁判所判例解説（刑）（法曹会、一九八七年）四八二頁、同『続・刑事裁判の心』一三八頁、一四二頁。

4　『続・刑事裁判の心』一三八頁。

5　なお、以下の論述の中で、これらの視点を、便宜上「①の視点」、「②の視点」などとして引用することがある。

6　もっとも、検察官は、最終段階で、一度撤回した石灰流出の事実を加えて再度訴因変更を申し立てたが、第一審裁判所はこれを不許可とした。

7　石灰の堆積・凝固・溶解により路面が滑走しやすいということを被告人が予見していたかどうかの点。

8　後に述べるように、これは、一般に、「過失の態様が異なる場合には訴因変更が必要であるが、そうでない場合は不要である」という基準であると理解されている。

9 この点を指摘するものとして、田口守一「判批」判評二六八号七六頁。

10 上口裕「注意義務の根拠となる具体的事実と訴因変更により撤回された事実の認定」昭六二重要判例解説（有斐閣、一九八九年）一七五頁、鈴木茂嗣『続・刑事訴訟の基本構造（上）』（成文堂、一九九六年）三〇一頁。

11 田口・前掲注**9**。

12 前掲注**10**参照。

13 池田修・昭六三最判解説（刑）（法曹会、一九九一年）三四九頁、特に二七一頁の注（10）参照。以下において「解説」というのは、この調査官解説を指す。

14 小林充『刑法』（現代法律出版、二〇〇〇年）八九頁。

15 ①佐野昭一「過失の構成と訴因」判タ二六二号二〇五頁以下、②石井一正「過失犯における訴因変更――判例の総合的研究」判評二〇二号一六頁以下、③高木典雄『自動車による業務上（重）過失致死傷事件における過失の認定について』司法研究報告書二一輯二号二五八頁以下、④井戸田侃「注意義務と罪となるべき事実・訴因」『日沖博士還暦祝賀・過失犯⑵』（有斐閣、一九六六年）三〇三頁、⑤海老原震一「交通事件」熊谷弘ほか編『公判法大系Ⅲ』（日本評論社、一九七五年）。ただし、このうち④は、「事実記載によりいかなる注意義務違反を問題にしているかについて疑いもなく一義的に明白な場合」は、注意義務の記載は必要ないとする（同書三〇八頁）。

16 前掲注**13**参照。

17 小泉祐康「訴因の変更」熊谷弘ほか編『公判法大系Ⅱ』（日本評論社、一九七五年）二六二頁。

18 小泉・前掲注**17**二六二頁、香城敏麿「訴因制度の構造（中）」判時一二三八号三頁など。

19 高木・前掲注**15**二六一頁。

20 小泉・前掲注**17**二六二頁。

21 香城・前掲注**18**一二頁。

22 この場合、厳密にいえば、「交通標識に従わなかった」という事実は、道路交通法上の義務に違反したということを意味するにとどまるが、実務上は、道路交通に関する基本法である道路交通法に違反した場合は、特段のことがない限り過失に当たるという解釈の下に、このような過失が訴因に掲げられるのが通常である。

23 しかし、被告人が過失を争った場合は、検察官はこの省略された事実をも立証しなければならない。

24 池田・前掲注**13**三六二頁。

25 上口・前掲注**10**一七六頁。

26 しかし、この点についても問題がないわけではない。後記**8**参照。

27 検察官がいったんは石灰の点を訴因から撤回した理由も、この点を立証することが難しいと判断したからという点以外には考えられない。弁護人の上告趣意も同様の認識を示している（刑集四二巻八号一〇九〇頁）。

28 最判平成一五年一月二四日判時一八〇六号一五七頁。

29 たとえば、齋野彦弥「結果回避可能性（上）――最近の最高裁判例を契機として」現刑六巻四号五五頁以下、同「結果回避可能性（中）――最近の最高裁判例を契機として」現刑六巻七号六二頁以下。

30 「被告人の防御」という観点から考える場合に、その事実が訴因に記載されているかどうかによって大きな違いがあることを指摘するものとして、高田卓爾「過失犯と訴因」ジュリ三五五号四三頁参照。なお、田口・前掲注**9**二四二頁は、前提事実と過失態様が密接な関係にある場合に訴因変更を必要とした一連の高裁判例は、本判例にかかわりなく維持されると思われるとしている。

31 〔第2判例〕は、前記のとおり、審判対象の画定に必要でなく、単に防御の必要から記載された事項であっても、いったん訴因に記載された以上、原則として拘束力があると判示している。その趣旨は、「いったん訴因に記載されたが撤回された事実」についても、当然、同等またはそれ以上に及ぶと解すべきである。そうでなければ、検察官による訴因の撤回は、ほとんどその意味を失ってしまう。

32 同一の結論を示唆するものとして、田口・前掲注**9**二三九頁。ただし、私は、第一審における検察官の訴訟追行の態度にはいかにも誠意が認められないから、本件は、訴因変更の時期的限界の逸脱ないし信義則違反などの理由付けが説得力を持つ場合ではなかったかと考えている。もしそうであれば、控訴審は、検察官の予備的訴因の追加を許可することなく、控訴を棄却すべきであったということになる。

33 池田・前掲注**13**三五五頁。

第四章　自白の任意性判断などに関する提言
——平成二二年の二つの裁判例を題材として

一　はじめに

1　裁判員制度と自白の任意性判断

一連の司法改革の結果採用された裁判員制度は、二〇〇九年五月にいよいよ動き出す。この制度の導入が本決まりになった段階で、有力な裁判官OBからは、この制度の下においては取調べの可視化が不可欠である、という強力な意見が出された[(1)]。そして、この提言をしたのが、最近まで高裁長官を務めるなど司法の中枢にあった人であっただけに、発言のインパクトも大きかった。弁護士会の進める可視化の運動に絶対反対の態度を押し通してきた検察庁が、一部ながら取調べの録音を取り入れるという決断をするに至ったのも、これらの発言の影響があったからと考えるのが相当であろう。しかし、今回実施されるという可視化の内容は、「事件と録音の時期の選択はすべて検察官の裁量による。警察の取調べにはいっさい及ばない」というものであって、本来の可視化の理念とはほど遠く、これによって問題が解決されるとはとうてい考えられない。

裁判員制度が発足しても、自白の任意性に関する判断は職業裁判官に委ねられる。自白に任意性があるかどうかの判断は法律判断であるからである。しかし、取調べ状況に関する事実認定は、自白の任意性判断の前提であると同時に信用性判断（ひいては事件に関する実体判断）とも密接に関連する。そこで、これをどうみるかという点については、当然のことながら裁判員も意見を述べることができるはずである。したがって、取調べ状況が争いになった場合には、裁判員のいる公判廷で証人を取り調べ、その結果について裁判官と裁判員が意見を闘わせることになるであろう。そういう意味で、今後この問題は、裁判官のみならず国民一般をも巻き込んだ論争にならざるを得ない面がある。そのため、評議を主宰する裁判長（及び同席する陪席裁判官）の責任は今後ますます重くなるというべきである。

2　自白の任意性判断の困難性

ところで、取調べの可視化が行われていない現状では、「自白の任意性に関する判断」は刑事裁判における最も困難で重要な作業の一つである。このことを疑う者はいない。それは、①まず、自白調書の作成状況を現実にみたわけでもない裁判官が、当事者である取調官と被告人の相対立する供述の、いずれが信用できるかという困難な判断を迫られるからである。②次に、何とか事実認定をしたとしても、これを前提として刑訴法三二二条・三一九条所定の「任意性」に関する法的判断をすることがまた難しい。指導的な最高裁判例もいくつかあるが、現実の事件の事実関係は千差万別であるし、判例の判断基準自体がまだ確立されたものとはいえないからである。裁判官は、ここでも困難な事例判断を迫られる。③それでいて、現実の事件の中には、自白を事実認定の資料とすることができるかどうかによって最終的な結論が大きく左右されるものがきわめて多い。

3　裁判官と裁判員の意見対立の可能性

このような自白の任意性判断の困難性と重要性にかんがみ、従前から鋭い問題意識を持つ裁判実務家の貴重な研究が公にされてきた(2)。しかし、残念ながら、その後の実務の動向をみていると、この貴重な研究が必ずしも十分活用されていないように感じられてならない。

私は、このような実務の現状からすると、今後実施される裁判員制度において、裁判官と裁判員との間で自白の任意性・信用性をめぐる重大な意見対立が生じかねず、せっかく採用されたこの制度の将来に暗い陰がさすのではないかと危惧している。

以下においては、このような問題意識に基づき、比較的最近公表された二つの地裁判例(3)を題材として、裁判所の判断のどこにどのような問題があったのかを具体的に指摘して、後輩諸賢の参考に供したいと思う。

二　東京決定について

一つは、東京地決平成一二年一一月一三日判タ一〇六七号二八三頁である。この決定は、別件逮捕中の余罪取調べの限界という問題につき詳細な判断を示したものとして、学界の注目を集めている(4)。私は、ここに示された法律判断には賛成できないが、そのことはひとまず措いておく。私が本章で取り上げるのは、その判示事項と関連はするが判断としては別個の、自白の任意性に関する判断部分である。

1　事案の概要

中国人である被告人は、一九九九（平成一一）年七月八日に旅券不携帯という軽微な事件（甲事件）で逮捕・勾留され勾留延長もされた。しかし、検察官は、この事件の処分を保留したまま被告人を釈放し、今度は、被告人が所持していた偽造の外国人登録証明書を質入れの際に使用したという偽造有印公文書行使事件（乙事件）で被告人を再度逮捕し勾留を請求する。そして、この事件を起訴してから二一日目に、検察官は本命である強盗致傷事件（丙事件）で三度目の逮捕と勾留請求をし、勾留延長を経て九月二〇日に被告人を同事件で起訴した。

以上一連の身柄拘束は、当初から本命の丙事件（強盗致傷事件）の捜査を睨んで行われたものであり、被告人に対する同事件の取調べは、甲事件による身柄拘束の直後から行われていた。したがって、被告人は、七月八日の甲事件による逮捕直後から九月二〇日の丙事件の起訴に至るまで、通算二ヶ月以上にもわたって同事件についての取調べを受けている（途中取調べが一時的に余り行われなくなった時期はあった）。本決定も、甲事件の勾留のうち延長後のものについては、「甲事件の勾留としての実体を喪失している」としてこれを違法としたが、最終的には丙事件による勾留は適法と認めてその間に作成された供述調書の証拠能力を肯定した。

ところで、弁護人は、以上のような別件逮捕ないし余罪取調べを違法であると主張するほかに、「自白は違法・不当な取調べによって得られたもので任意性がない」との主張もしていた。本稿で問題にするのは、この主張に対する判断部分である。

2　自白の任意性に関する被告人・弁護人の主張の要旨

被告人は、公判廷において以下のような弁解をし、弁護人もこれを前提に自白の任意性がないと主張していた（ほかにも重要な弁解があるが、決定の判断が特に問題であると思われるものに限って紹介する）。

①甲事件での勾留延長後、警察官から、戸口簿（わが国の戸籍謄本に相当するもの）の表紙を丸めて投げたりその封筒に火をつけたりされた。

②その際、長時間立たされ、疲れて足が少しでも動くと、顔を押したり横に揺すったり足を蹴ったりされた。体を揺すられ押されたりして倒されたこともあった。丙事件について自白したのは、連日にわたるこのような一連の暴行に耐え切れなくなったからである。

警察官らは、当然のように「そのようなことはなかった。」と証言している。

3　自白の任意性に関する判断の概要

これに対する裁判所の判断の概要は、以下のとおりである。

まず、①の点について、決定は、被告人の主張を裏付ける物的な証拠が存在することを認めた。決定によると、警察官が取調べの際に被告人に示したという戸口簿を裁判所が取り調べてみると、それには多数の不定形のしわがあり、「手で押しつぶすように丸められた後、アイロンをかけるように押し延ばされた後に、ホッチキスで二枚目以降と新たに綴じられたもの」であることが窺われた。さらに、表紙の裏側には紙を火であぶったときにできるような茶色の染みも認められた。そして、取調官である警察官は、そのような変形や変色の生じた原因を説明することができなかった。そのため、決定は、戸口簿のこのような変形は、捜査本部の警察官の手によるものと考えざるを得ず、この点に関する被告人の弁解は、「客観的に裏付けられて」いて信用でき、取調官らの証言は「これらをそのまま信用することが困難である。」とする。

しかし、他方、決定は、②の点については、一転して「そのようなことはしていない。」という警察官の証言は信用でき被告人の供述は信用できないとして、①の場合とは異なり被告人・弁護人の主張を排斥している。

この点に関する判断部分をもう少し詳しく紹介すると、警察官は、「長時間立たされた。」という被告人の弁解を全面的には否定することなく、「被告人が痔疾のため同じ姿勢で座り続けることが辛そうな態度をしたことから、取調べ中に立つことを認めたことがある。」と証言していた。また、被告人は、「警察官に机の下から椅子を蹴って壁に押し付けられ、立たされてふらふらしていると、警察官が揺らしてきて倒され、後頭部を壁や床にぶつけられた。」という供述をしていたが、検察官が提出した捜査報告書には、要旨、「警察官が被告人を追及していると、被告人が『もう頭が痛い。考えられない。』などといって興奮し始め、座りながら上体を勢いよく後方に反らせて後頭部を二、三回壁面に自らぶつけた。」旨の記載があった。そこで、裁判所は、これらの警察官の証言や捜査報告書の記載に照らし、被告人の弁解は信用できないと判断したのである。

4　決定理由の問題点

これらの判断には、重大な問題がある。

まず、①について被告人の弁解を採用した判断は当然である。問題の物的証拠にこのように明らかな痕跡があることを指摘されれば、それでも「そういう行為に出たことはない。」と言い張る警察官証言の信用性を肯定することは不可能である。そうなると、この点について警察官は偽証している疑いがきわめて濃厚であるというほかない。しかし、決定は、先に指摘したように、「これらをそのまま信用することが困難である。」とするにとどまる。そして、最大の問題は、この点の判断が②の判断においてまったく生かされていない点にある。

本来、証人の証言は、証言事項が関連する限り一体のものとして理解されるべきである。したがって、証言の一部が信用できない場合、それも証人が本来間違えるはずのない重要な事項について事実に反する証言をしている場合には、その証人は、他の点でも虚偽を述べているのではないかという疑いを生じ、証言全体の信用性は、大幅に低下すると考えるべきである。このようなことは、あらためて論じるまでもなく常識に属することであろう(5)。また、自発的な嘘と強いられた嘘の違いはあるにしても、自白の信用性についてはこの理が当然のこととして認められている。すなわち、一部に虚偽を含む自白は、その余の点についても信用性が低いとされているのである(6)。

もともと、②に関する警察官の証言は、被告人の「長時間立たされて取調べを受けた。」というかなり特異かつ具体的な内容の弁解に関するものであった。被告人の供述するこのような特異な状況が事実であるとした場合、警察官は、被告人の弁解をただ全面的に否定するだけでは説得力がなくかえって疑われるのではないかと感じることがあり得る。そういう観点からは、警察官の前記証言は、被告人を立たせたこと自体は認めてその理由をもっともらしく作り変えたのではないかと疑う余地がある。特に①のように、警察官が重要な点で嘘の証言をしているとみられる場合には、このような想定は十分成り立ち得るものというべきであろう。また、もし警察官が証言するように、本当に被告人が痔疾のため座ったままの取調べを苦痛に感じているようであったとしたら、そういう体調の被告人に対し長時間の取調べを行うこと自体が問題とされなければならない。しかるに、裁判所がそれ以上被告人の体調について証拠調べをした形跡はない。

最後の捜査報告書を援用する理由の説示に至っては、最も不適切な採証方法であるといわなければならない。取調官は、自分たちの取調べ方法が後刻問題とされたときに備えて、もっともらしい証拠を残すことがある。私がかつて担当した大阪の恐喝事件(7)では、警察官が蹴飛ばした丸椅子の足が被告人の口にぶつかり被告人の前歯が折れてしまったとみられるのに、警察官は、「被告人が『すみません』と言って頭を下げた際、歯が机に当たって折れてしまった。」という滑稽きわまる捜査報告書や被告人調書を作成していた。

本件においても、警察官による同様の作為が介在した疑いは十分あると考えるべきである。被告人が公判廷でしている弁解は、きわめて特異な状況を詳細かつ具体的に描写するもので、そう簡単に作り出していえるものではない。そして、被告人の否認に手を焼いていた当時の捜査状況を前提とすれば、捜査官がそのような行為に出ることは十分あり得ると考えるべきである。他方、捜査報告書に記載された被告人の言動はどう考えても常識的に理解できるものではない。そしてその異常さには、私が大阪で担当した前記恐喝事件の捜査報告書と奇妙な共通点がある。また、万一被告人が捜査報告書にあるような異常な行動をとったのであるとすれば、そこに至る取調べがよほど過酷であったとしか考えられない。そして、そうであれば、そのような取調べ自体が自白の任意性を疑わせるものであると考えるのが常識に合致するというべきであろう。

さらに、被告人は、警察官から暴力を振るわれた事実を検察官に対しても訴えている（この点は、検察官が公判廷で証言している）。もし捜査報告書にあるように、被告人が自分で頭を壁にぶつけたというのが真相であるならば、被告人がそれを「警察官にぶつけられたことにして検察官に訴える」というのは、余りにも念が入りすぎている。決定によると、検察官が取調べ終了後に警察官に電話で確認したところ、警察官は、「前日の取調べで被告人が答えに窮して自ら壁に頭をぶつけた。」と即答したとされている。また、その後の取調べで検察官が被告人に再度確認すると、被告人は自ら頭を壁にぶつけたのを刑事が止めてくれたと述べたことになっている。しかし、検察官がこう証言しているから事実がそのとおりであったとみるのは、余りにも皮相的かつ短絡的である。そもそも、もし被告人が弁解するような暴力を警察官が振るったのが事実であるとすれば、被告人がそのことを検察官に訴えることやその結果検察官から照会が来ることくらい、警察官は当然予測していたはずである。したがって、その場合にどう答えるかということについても、警察官は当然考えていたとみるのが常識に合致する。そうすると、「検察官に対し警察官がこう即答した」からといって、事実がその答えのとおりであったということにはならない。特に、本件の警察官らは、①でみたとおり、取調べ状況について、物的証拠に反してまで虚偽の証言をしていると考えられるのである。そういう警察官の証言のうち、「物的証拠に反する部分は信用できないがそういう証拠がない場面に関する証言は信用できる」というような採証態度は、どう考えても社会の常識に合わないというべきである。

三　自白の任意性判断の前提となる事実認定のあるべき手法

1　自白の任意性判断の前提となる事実認定の現状

以上、東京決定の判断内容を詳細にみてきたが、そこでは、現在裁判所が行っている事実認定の手法の問題点が浮き彫りにされていると感じられる。

問題点をとりまとめてみると以下のとおりである。

第一に　取調官をこれ以上はないくらいに信頼し、よほど明白な客観的証拠でも出てこない限りその証言を信用する。

第二に　取調官の証言が一部信用できないという判断に達した場合でも、そのことを当該証人のその余の証言部分の信用性に影響させることはない。

第三に　他方、被告人の弁解については、少しでも他の証拠との食い違いや不合理と思われる点があれば、たとえそれが些末な点であっても厳しく追及してこだわり、容易に信用しようとしない。

このような考えがどこから出てくるのか、私にはとうてい理解することができない。しかし、その根底にある思想は、おおむね次のようなものであると考えて大きな間違いはないであろう。

① 社会の秩序を維持するためには、厳しい取調べをして被疑者を自白させることも許される。

② 被疑者が本当に罪を犯していないのであれば、取調べが多少厳しかったからといって虚偽の自白をするようなことはあり得ない。

③ 被疑者は常に嘘の弁解をする可能性があるが、取調官にはそのような動機がない。

2　あるべき採証の態度

以上のような見解が誤りであることは、もはや多言を要せずして明らかであると考えるが、現状が容易に改まらないことにかんがみ、あえてこの点の論証を試みる。

(1)　①の点について

もちろん、社会秩序の維持は重要である。そのために、国は、捜査機関に強大な権限を与えて犯罪の取り締まりに当たらせているのである。しかし、その権限はあくまで適切・適正に行使されなければならない。それは憲法三一条を援用するまでもなく、二一世紀における文明国としてのわが国が守らなければならない最低限度の義務である。「犯罪の嫌疑をかけられている者に対しては厳しい取調べを行って自白を得る必要がある」という考えは、既に克服されたはずの前近代国家の思想であるといわなければならない。今さらこのような反論をしなければならないのは、何とも情ないことである。

(2)　②の点について

この点については、一般の裁判官の間にすら、いまだに大きな誤解があるように思われてならない。無実の被疑者も、厳しい取調べを受けると、(それがそれほど長期間にわたるものでなくとも) 容易に虚偽自白に陥ることがある。このことは、これまでにいくつもの前例によって実証されているだけでなく、近時は心理学的な知見によってその機序が解明されるようになってきた(8)。

私たちが容易に参照し得る前例としては、戦後の有名冤罪事件の実例がある。これらの実例を詳しく検討した田中輝和教授は、強盗殺人、放火・殺人というような重大犯罪の嫌疑を受けた被疑者ですら、比較的短期間の取調べによって虚偽自白に落ちた者が多数いることを明らかにしておられる(9)。この報告によれば、これまでに無罪判決が確定した戦後の有名冤罪事件一七件の被告人二三人中、実に過半数の被告人が一〇日以内に虚偽自白に陥っており、即日ないし三日以内に自白した被告人だけでも一〇人に達するという。刑事裁判官は、このような実情を十分理解しておく義務がある。

(3)　③の点について

真実罪を犯した被疑者が、できれば罪を免れたいと考えて種々虚構の弁解をするということは、もちろんあり得ることである。しかし、他方の当事者である取調官にも嘘をつく動機や可能性は十分ある。この点を度外視し、「被告人は嘘をつく動機があるが取調官にはそれがない」と単純に割り切って、被告人の供述の些細な矛盾をあげつらい、取調官の一見理路整然たる証言に軍配を上げるのは、明らかに誤りである。

私が在官中に担当した事件の中には、取調官が違法な行為をしていながら、これを否定して虚偽の証言をしたと考えざるを得ない事例がいくつもあった。また、ことがらを現実的に考えてみれば、捜査が難航し社会一般から捜査機関の責任が厳しく追及されるような事態になれば、捜査官が真犯人と目星をつけた被疑者に対し厳しい追及をして自白させたくなる気持ちは、「捜査官も同じ人間である」という前提に立つ限り、容易に理解できる。

しかし、そのような捜査官が、公の場（公判廷）において自分の非を認めることは、通常ないと考えるべきである。そのようなことをすれば、せっかく苦労してまとめ上げた事件の捜査をぶち壊す結果となるだけでなく、組織における自分の立場をも失うことになるからである。そうではなく、そのような違法・不当な捜査はしていないとあくまで言い張れば、組織は最終的にその取調官を守ってくれる。そのような状況において、違法・不当な捜査に手を染めた取調官が公判廷で率直に自分の非を認めるように期待するのは、どう考えても現実的でない。したがって、取調官が「そのようなことはない。」と断定的に証言したというだけでその証言の信用性を肯定するのは常識に反する。裁判官としては、そのような証言の表面的な意味に捉われることなく、その背後にある真実を見抜こうとする努力を続けなければならない。

そして、その場合に着目しなければならないのは、「取調べが被疑者と取調官しかいない密室で行われている」という現実である。この点に着目する限り、被告人側に、取調官の言動すべてをいささかの不正確や誇張もなく再現せよと求めることは不可能を強いるものというべきである。判断者としての裁判官に求められるのは、被告人の弁解の些細な矛盾や不合理をあげつらうことではない。裁判官は、むしろ、弁解の中にたとえ多少の不正確や誇張・矛盾が含まれていたとしても、真実取調官がそのような言動に出ていないのに、被告人がそのような弁解をすることができるであろうかという観点に立って、その信用性を慎重に判断すべきである。

具体的にいうと、被告人が捜査段階から弁護人に対し公判廷におけるのと同じ弁解を一貫して述べている場合や、容易に想像しにくい取調官の特異な言動を具体的に述べているような場合は、被告人の弁解が真実に近いと考えるのが適切である。そして、少なくとも、このような弁解を覆して被告人に不利益な認定をするには、検察官がよほど強力な立証をした場合に限るという原則を承認すべきである。(10)

四　宇和島判決について

1　事案の概要と審理の経過

次に宇和島判決（松山地裁宇和島支判平成一二年五月二六日判時一七三一号一五三頁）について述べる。本件は、一九九八（平成一〇）年ないし九九年に愛媛県宇和島市で発生した窃盗・有印私文書偽造・同行使・詐欺事件である。被害者である女性は、一九九九（平成一一）年一月二六日に至って、自宅寝室内に保管していた印鑑や農協の貯金通帳などがなくなっていて通帳から五〇万円が引き出されていることに気付いた。女性は、当時親しい関係にあった被告人のアドバイスもあって、被害を警察に届け出た。

ところが、届け出を受けた警察は、被告人が女性から家の合鍵を預かっていたことに注目して被告人に対する嫌疑を深め、被告人方に対して捜索をかけるとともに、被告人に任意出頭を求めて取調べを行った。被告人は、午前八時ころから始まった取調べに対し否認していたが、昼食後再開された取調べに対し、午後二時ころ、突然号泣して「誰も自分の言うことを信じてくれない。」と述べた後自白に転じた。

判決が認定している警察官の取調べ状況は、「警察官が机を叩いて、『証拠があるんやけん。早く白状したらどうなんや。実家の方に探しに行かんといけんようになるけん迷惑がかかるぞ。会社とか従業員のみんなにも迷惑がかかるけん早よ認めた方がええぞ。長くなるとだんだん罪が重くなるぞ。』と申し向けた。」というものである。

自白した被告人は、その後五〇万円の使途について追及された結果、「うち一〇万円は自分の車の中に隠してある。」と自白した。そこで、警察は被告人立会の上被告人車の捜索を行い、後部座席マットの下から、自白に符合する一〇万円を発見する。被告人はその後の逮捕勾留中も一貫して自白を維持して、印鑑窃取の事実により起訴された。

しかし、被告人は、その後窃取した印鑑と通帳の所在についてさらに追及を受けるに及び、犯行を否認するに至る。被告人はこの印鑑などについて「ごみ焼却場で焼いてしまった。」と供述していたのであるが、その供述を疑った警察官から「本当は焼き捨てていないんやろうが。早く返してやれ。」などと厳しく追及されて返答に窮し、逆に、「印鑑は返すことができない。なぜなら本当は盗んでいないからです。」と開き直って否認に転じたのである。警察は、被告人が印鑑などを焼却したという焼却場を捜索したが、象牙の印鑑は結局発見されなかった。しかし、検察官は、否認のまま被告人を有印私文書偽造・同行使・詐欺罪で追起訴した。そして被告人は、公判でも一貫して事実を否認した。

ところが、事件は意外な結末を迎える。それは、被告人に対する公判の係属中（といっても、事実審理が終了して結審した後であるが）、他県（高知県）の警察で強盗傷人罪により逮捕された被疑者が自白した余罪の中に、本件窃盗等が含まれていたからである。捜査当局は、この別件被疑者の自白の信用性を慎重に検討したが、その内容にはまったく不自然なところがなく、現場引き当たりをしたわけでもないのに、自白内容は現場の客観的状況とぴったり符合した。そのため、検察官は、結局、裁判所に対し弁論の再開を求めたうえ被告人に対して「無罪の論告」をし、判決は自白の信用性を否定して「無罪判決」となった。これによって、本件は「めでたく一件落着」となったのである。

2　宇和島事件に学ぶべき点

この事件は、私たちに多くの教訓を与えてくれる。以下、いくつかの感想を列記する。

(1)　取調べ状況に関する事実認定について

この事件の判決段階では、既に犯行を自白する真犯人の存在が確認されていた。つまり、被告人が犯人でないことは、裁判所を含む訴訟関係人すべてにとって共通の了解事項となっていたのである。そのため、裁判所は、取調べ状況に関する事実認定において、安心して被告人の公判廷での供述に依拠することができたと思われる。

しかし、真犯人が確認されていない段階で被告人がこのような供述をした場合、取調官は果たしてこの供述に現れた取調べ状況を正面から認めたであろうか。また、裁判所も、取調べ状況についてこのように率直な認定をしたであろうか。はなはだ興味の持たれる点である。多くの事件において、裁判所は、このような被告人の弁解を「そのような取調べをしていないという取調官の証言に照らして信用できない。」と切り捨ててはいないであろうか。私たちは、もう一度胸に手を当てて思い返してみる必要がある。

(2)　自白の任意性判断そのものについて

次に問題になるのは、判決が認定した取調べ状況を前提とした場合、このようにして得られた自白の任意性を肯定することが正しかったかという点である。

被告人は当時まだ逮捕すらされていない。取調べ開始後自白までの時間は六時間であり昼には食事のため一時間の休憩もとっている。深夜の取調べに及んだというわけでもない。被告人は社会人である成人男性で、健康上の不安があった様子もみられない。取調官の言動も前記の程度であって、机を叩いたり「証拠がある」「自白しないと会社に迷惑がかかる」などと申し向けたりした点で穏当を欠くという批判はあり得るが、多くの裁判官が「違法・

不当」と認めるような明白な脅迫的言辞や暴行があったとまではみられない。

このようにみてくると、この事件で裁判所が自白の任意性を簡単に肯定し直ちに信用性の判断に入っている点は、実務一般の感覚からすればおそらくごく当たり前の取扱いということになるであろう。私自身も、「この事件を担当したとした場合に間違いなく自白の任意性を否定したであろう。」といい切るだけの自信はない。

しかし、結果としてではあるが、この自白は虚偽であることが明らかになった。そして、その事実を前提として再考した場合、自白の任意性を肯定したこの判決の措置の当否、また、これを肯定して当然であるとする実務一般の感覚（そもそも本件では、弁護人も、自白の任意性を争わなかったように窺われる）には、反省の余地があるのではないか。

また、本件において、健康な成人男性が「僅か数時間」の取調べによって虚偽自白に陥ったという厳然たる事実を目の当たりにした時、裁判官としては、取調べが被疑者に与える恐ろしいまでの圧力を率直に認識すべきではないか。そのような認識を持つことなしに実務を続けていくと、忌まわしい誤判・冤罪を生み出すことになると考えるべきである。(11)

(3)　自白の信用性判断について

この事件は、自白の任意性判断だけでなく、信用性判断についても反省を迫る。被告人の自白は、通常の意味で考える限り、その採取過程に著しい瑕疵があるものであるとはいえない。また、その内容と被害者の供述との間には若干の食い違いがあるにしても、それはさして顕著・重大なものではないともいえた。しかも、自白の中には、「騙し取った五〇万円の使い残り（一〇万円）を車の後部座席マットの下に隠してある。」という部分があり、現に、被告人立会のうえ行われた車の捜索によって、その部分から一〇万円が発見されている。これは、一見すると、自白の信用性を客観的に担保するといわれる「秘密の暴露」とみられなくはない。そうすると、もし真犯人が出現しなかった事態を想定した場合に、この被告人が間違いなく無罪判決を受けることができたとは必ずしもいえないように思われる。

そのような意味で、この事件は、自白の信用性判断を慎重のうえにも慎重にすべきことを示唆するものというべきであろう。

五　裁判官に対する提言——裁判員制度の発足を控えて

本稿を閉じるに当たり、近く実施に移される裁判員制度を睨んだうえで、刑事裁判官に特に留意してもらいたい点を列記する。

第一に取調べの圧力を実感することの重要性である。

四において指摘した点であるが、取調べが被疑者に与える圧力は、通常の裁判官の想像をはるかに超える強大なものがあると考えるべきである。

以前（二〇〇五年秋）出席した九州弁護士連合会のシンポジウム（鹿児島市）でのことであるが、「裁判官に取調べの実情を理解してもらうためにどうすればいいか。」という点についてアンケート形式で参会者の意見が求められた。そして、これに対する回答の一つに「新任判事補研さんの一環として、代用監獄に体験入場させる」というものがあった。現実の問題として実現性のない提案であることは間違いないが、弁護士からこのような提案を受けるということは、プロの裁判官として恥ずかしいことである。通常の感受性を持つ裁判官であれば、現実に体験しなくても、取調べの圧力については当然理解できなければならない。刑事裁判官は、過去冤罪に泣いた多くの元被告人の言葉に対し謙虚かつ率直に耳を傾けるなどして、取調べの圧力を実感する努力を続けるべきである。

第二に、証言や供述の信用性判断の資料となる客観的証拠をできるだけ多く取り調べることである。取調べ状況に関する事実認定は、ことほどさように微妙かつ困難なものである。弁護人には、被疑者ノートを活用するなどして、被告人の捜査段階における弁解を客観的に明らかにする努力が期待されるが、すべての事件でそのような努力がされるとは限らない。裁判所の立場としても、取調べ時間を客観的証拠によって明らかにすること、被疑者や参考人の健康状態が悪かったという主張がされた場合には、必ず診療録を提出させるなどして、極力事実関係の解明に努めることなどが期待される[12]。

第三に、取調官の証言を鵜呑みにすることなく、その証言を被告人の供述及び収集した客観的証拠などと対比して、あくまでも公平かつ慎重に信用性を判断することである（章末〈補注〉参照）。取調べ状況に関しては、被告人側が提出できる証拠がきわめて限定されているのに対し、捜査官側は、多くの場合複数の証人を申請することができるし、ときには捜査報告書なども活用し得る。被告人側は、最初から著しく不利な立場にあるのである。したがって、そのことを抜きにして形式的平等を貫けば、結局実質的な不公平に至ることを銘記すべきである。

さらに、検察官側は、その気になりさえすれば、取調べ状況を録画・録音して、その状況を客観的に立証することすらできる。そのような客観的で効率のよい立証をしようと思えばできるのにその手段をとらず、取調官を証人として申請するという回りくどい立証手段をあえて選んだ以上、それが被告人の供述や客観的証拠と食い違った場合に生ずる不利益は、原則として検察官側に負わせるくらいの気持ちが裁判所にあってしかるべきである。

第四に、裁判員の感覚を大切にし、裁判員に対し裁判官の意見を押し付ける結果にならないよう注意することである。

取調べ状況に関する事実認定については、現在の職業裁判官の感覚が裁判員に受け入れられる保証は必ずしもないように思われる。裁判員は、無実の被疑者が簡単に自白に落ちる心理的メカニズムなどは知らないにしても、法廷における被告人の切々たる訴えに動かされ、その信用性を認めることがあるかも知れない。もちろん、この辺は、実際にやってみないとわからないし、また、選定される裁判員の層や質に左右される可能性もある。しかし、少なくとも、「重要な点で嘘をついた取調官の証言は、その他の点でもあやしい。」ということくらいは理解できるであろう。そうであるとすれば、前記東京決定のような事案においては、裁判員が被告人の弁解を採用すべきだという意見に傾く可能性は十分ある。もしその場合に、裁判官がこの決定をした合議体のように取調官証言を盲信する裁判官であったとしたら、裁判員との間に大きな見解の対立を生じかねない。そして、そうした場合に、裁判官が裁判員を強力にミスリードするというのが最悪のパターンである。裁判官としては、少なくともこういう問題については、社会の常識を代表する裁判員の意見を謙虚に受け入れるという姿勢を保つことが必要である。

最後（第五）に、自白のメカニズムに関する心理学的知見を尊重し、その提言に耳を傾ける度量を持つことである。先にも述べたとおり、近時は、心理学者の研究が進み、虚偽自白に陥る被疑者の心理的メカニズムも次第に明らかにされてきている。従来の裁判実務家の研究は、過去の事例を通して、どういう場合に虚偽自白が生じやすいかをいわば帰納的に明らかにするものであった。これはこれで実務上貴重な役割を果たしてきており、今後も大いに参考にされるべきである。他方、右のような心理学的知見は、自白の真否を演繹的に見分ける方法ともいうべきものである。両々あいまって誤判・冤罪を防止する道具とされなければならない。

刑事裁判官の間には、自白の信用性判断は裁判官の専門領域であるという気持ちからであろうか、心理学者がこれに口を挟むこと自体を毛嫌いする風潮があるようにも見受けられる。しかし、そのような狭量は、まさに「百害あって一利なし」である。裁判官は、科学に対し常に謙虚でなければならない。

1　吉丸真「裁判員制度の下における公判手続きの在り方に関する若干の問題」判時一八〇七号三頁、同「録音録画記録制度について（上）（下）」判時一九一三号一六頁、一九一四号一九頁、佐藤文哉「裁判員裁判にふさわしい証拠調べと合議について」判タ一一一〇号四頁。

2　代表的なものとして、守屋克彦「取調べに関する事実認定と自白の任意性——無罪事例などの検討を通じて」『自白の分析と評価』（勁草書房、一九八八年）。

3　①東京地決平成一二年一一月一三日判タ一〇六七号二八三頁、②松山地宇和島支判平成一二年五月二六日判時一七三一号一五三頁。以下、前者を「東京決定」、後者を「宇和島判決」ともいう。

4　長沼範良＝佐藤博史「別件逮捕・勾留と余罪取調べ（東京地決平成一二年一一月一三日判タ一〇六七号二八三頁）」法教三一〇号七四頁以下。

5　ある点で嘘をついている証人は、ほかの点でも嘘をついている可能性がある。この理を明確に認めた最近の先例として、パキスタン人の公務執行妨害事件判決（東京高判平成一六年一二月二日判時一九〇三号一五一頁）があるが、大津覚せい剤事件に関する最高裁判決（最判平成一五年二月一四日判時一八一九号一九頁）をも参照。なお、ローマ法以来の法格言にも「一事に虚偽あれば万事に虚偽あり」というものがある由である。安廣文夫「刑事証拠法の実質化に向けての若干の覚書――裁判員制度の円滑な運用のために」『小林充先生・佐藤文哉先生古稀祝賀刑事裁判論集（下巻）』（判例タイムズ社、二〇〇六年）二七三頁参照。

6　拙著『刑事裁判の心――事実認定適正化の方策〔新版〕』（法律文化社、二〇〇四年）一九七頁以下参照。

7　大阪高判昭和六三年三月一一日判タ六七五号二四一頁。

8　浜田寿美男『自白の心理学』（岩波書店、二〇〇一年）、同『自白が無実を証明する』（北大路書房、二〇〇六年）。

9　田中輝和「長時間の取調べにより、短期間に、虚偽の自白がなされる危険性（上）――米谷事件と松山事件の共通性」判時一二九五号三頁、同（下）判時一二九八号八頁。

10　多くの場合、取調べ状況の完全録画か録音またはそれに類する立証。

11　そのような観点から再考すると、被告人に対する連日の長時間にわたる取調べを認定したうえで、しかも取調官の側にかなりの問題行動があったことが推測される中で、自白の任意性を肯定した東京決定の結論には、前記**二3**(2)の点を別にしても大きな疑問が感じられる。

12　拙著・前掲注**6**五七頁以下。なお、自白の任意性判断の前提となる事実認定について利用できる資料が乏しいことを指摘するものとして、守屋・前掲注**2**四九頁以下参照。

〈補注〉

前記提言第三に関連して、最近の実務における注目すべき動きを指摘しておきたい。取調べの可視化が実現しない現状に飽き足らない弁護人が、被疑者に対し「被疑者ノート」を差し入れて取調べ状況に関する詳しい記録を残させる一方、取調官に対しては、「可視化申入れ書」を提出して、取調べ状況の録画を求めるという動きが、一部で行われていた。そして、そのうえで、弁護人が自白調書の任意性を争ったケースについて、大阪地決平成一九年七月一一日は、次のような注目すべき判示をした。すなわち、同決定は、「録画・録音媒体等の客観的証拠が提出されていない本件においては、取調べ状況に関する被告人の供述を排斥することができない。」として、被告人供述と対立する取調官証言の信用性を否定したのである。

これは、まさに、前記「提言第三後段」を現実の裁判のうえで取り入れたものというべきであり、画期的である。こういう動きが全国に広がっていけば、取調べ当局は、いつまでも「可視化を拒絶する」というかたくなな態度を貫いて行くことはできなくなるであろう。以上の点につき、近畿弁護士会連合会刑事弁護委員会編「パネルディスカッション『任意性の過去・現在・未来』」（二〇〇八年）参照。

第Ⅱ部　取調べの可視化と捜査・弁護のあり方

第五章　取調べの可視化について

一　「取調べの可視化問題」と私との接点

私は、一九六三（昭和三八）年四月に判事補に任官し、二〇〇〇（平成一二）年五月に退官するまで約三七年間、ほぼ一貫して刑事裁判ないしこれに関係する仕事をさせていただきました。しかし、私は、これまで、取調べの可視化問題について特別深く研究したことはありません。ですから、今日皆様の前でこのような立場でお話をする資格があるのかどうかははなはだ疑わしいのですが、ご指名を受けましたので、日ごろ感じていたことを交えて率直にお話ししてみようと思います。

最初に、可視化問題と私との接点について申し上げます。私が刑事裁判で自白の任意性・信用性の問題を初めて深刻に考えさせられたのは、三〇年以上も昔の富士高校放火事件(1)でした。この事件で自白の経過を調べていきますと、取調べ状況に関する被告人の言い分と取調官のそれがまるで食い違うのです。どちらが真実を話しているのか、当初は容易に判断がつかなかったのですが、調べているうちに、取調官の言い分にどう考えても不自然・不合理と思われる点がいろいろ出てきましたので、結局、被告人の言い分に基づいて取調べ経過を認定しました。

私がこの事件で感じたことは、次のようなことでした。すなわち、「取調べ経過の認定は確かに難しいが、よく調べて慎重に判断すればそう大きく間違わないですむのではないか」ということです。そのため、私は、その後もごく普通のやり方で自白の任意性を審査していました。ただ、取調官と被告人の供述が対立した場合は、できるだけ客観的資料を多く集めて取調べ時間などを厳密に認定する一方、被告人の言い分に十分耳を傾け、取調官の証言を鵜呑みにしないように細心の注意を払ってきました。

ですから、この段階までは、可視化問題への私の問題意識はあまり高くなかったというのが正直なところです。渡部保夫教授が、判例タイムズ誌上でイギリスにおける可視化の実情を紹介された(2)のは知っていましたが、こういう施策を日本で取り入れる必要が果たしてあるのだろうか、それが望ましいにしても、取調べの期間も時間も長い日本で実現させるのは無理ではないか、などというような感想を抱くだけで、真剣な受け止め方はできていませんでした。

二　問題意識を変えさせた事件との出会い

しかし、一九八八（昭和六三）年に浦和地裁に転勤した後、従前のやり方に限界を感じさせる事件に出会いました。それが、三郷市のアパート放火事件(3)です。この事件を契機に、私の可視化問題に対する考えが大きく変わりました。そこで、以下この事件について申し上げます。

この事件の被告人は、来日後間もないパキスタン人でした。もともと知能程度はあまり高くありませんで、日本語はもとより英語もほとんど理解できません。わかるのは、ウルドゥー語という少数言語だけで、当然のことながら、日本の法制度に関する知識は皆無です。

本件は、そのような被告人が、友人のアパートに放火したとして起訴された事件ですが、被告人を犯人として特定するための証拠としては、目撃証人による識別供述のほかには被告人の捜査段階の自白調書があるだけでした。そして、識別供述の信用性が肯定できないことは、ほぼ明らかでした。問題は自白調書ですが、その作成状況について証人尋問をしてみて驚きました。警察は、被告人が日本の法制度について何の知識もないのに、黙秘権・弁護人選任権などを本人が理解できるような形で告知した形跡がありません。また、被告人が容易に自白しないとみると、被告人を犯人として突き出してきた友人と母国語で面談させています。そして、被告人は、その友人らに「自白しないと何年も国に帰れないぞ」といわれているのに、警察は、その誤解を解く努力をまったくしていません。さらに問題なのは、調書作成の際に通訳をした通訳人の語学力がひどいのです。法廷で尋問してみると、この程度の日本語力では、とうてい母国語でした被告人の供述を正確な日本語に通訳したり、調書の内容を母国語に正確に翻訳したりするのは無理と思われました。

それでも、供述調書には、犯行状況に関する詳細な供述が日本語で記載されています。末尾には、「本人に読み聞かせたところ間違いないと申し立てて署名・指印した」という記載があります。署名・指印ももちろんあります。しかし、今述べたような事情からみて、被告人がこの供述調書の内容を正確に理解し納得していたとは考えがたいのです。

私たちは、もし本当にそうであれば、そのことだけでも自白調書の証拠能力を否定することができると考えました。しかし、そういう理屈を立てるとなると、通訳人の能力をめぐってさらに証拠調べを重ねなければなりません。私たちは、そこまでしなくても、本件では他の理由（別件逮捕・余罪取調べの逸脱など）で自白調書の証拠能力を否定できると考えましたので、判決では、そういう法律論を中心として自白調書の証拠能力を否定し無罪としたのでした。しかし、もし取調べが可視化されていれば、被告人が取調べで不当に扱われていた状況とか、署名の際、被告人が供述調書の内容を正確に理解していなかったということが、もっとはっきりしただろうと強く感じました。そこで、判決では、最後に、このような外国人被疑者の取調べにおいては「捜査の可視化」の要請が特に強いので、最小限度、供述調書の読み聞かせと署名・指印に関する応答及び冒頭における権利告知の各供述を確実に録音テープに収め、後日の検証に備えることが不可欠であることなどを付言しました。

この判決以降、私は、可視化の問題を真剣に考えるようになりました。そうすると、従前それほど疑問を抱かずにしていた自白の任意性に関する審理が、いかにもまだろっこしいと感じられるようになってきました。そして、任意性に関する審理をするたびに、このような審理は「時間とエネルギーの壮大な無駄」ではないかと思い、索漠たる思いを抱くようになったのです。

その結果として、任意性に関する私の審査は、時の経過とともに次第に厳格になっていったようです。今回調べてみると、浦和地裁勤務の最後の頃（一九九一年一月から一九九二年三月までの一年三ヶ月）に私がした任意性否定の判決・決定は、合計六件ありました(4)。しかし、そういう方法で自白の任意性を審査しながらも、「可視化が実現すれば、こんなことで苦労することはなくなるのに」といつも感じていたのです。

三　可視化反対論の真実の理由

以上のような経過をたどって、私は、現在では、「可視化はできるだけ早期に、遅くとも裁判員制度が実施に移されるまでには何としても実現させなければならない」と確信するに至っています。しかし、現実は、そう甘くありません。警察・検察・法務の三者が一体となってこの運動の前に大手を広げて立ちふさがっているからです。

もっとも、反対論の論拠に対しては、既に小坂井久弁護士ほかの皆さんが明快な反論をしておられますので（章末〈補注〉末尾参照）、私がこの点に付け加えることはありません。ただ、一点だけ改正刑訴法との関係で指摘をさせていただきます。改正法では、公判前整理手続が採用されましたから、弁護人側も、この手続で争点を開示しなければなりません。自白の任意性についてどの程度争点を絞ることを求められるのかはわかりませんが、もし、任意性を疑わせる事情を具体的に指摘することになると、取調官側は、訴訟の早い段階でそれに対する万全の準備ができることになってしまいます。私の扱った強姦の事件で、犯意を否認していた被告人が、警察官から「認めれば再度の執行猶予になる」といわれたので自白したと主張した事案がありました。審理の結果、私は、「再度の執行猶予になる可能性のない事件について警察官がそういう言葉で自白を慫慂して得た自白は、偽計による自白である」として任意性を否定したのですが、もし可視化が実現されないまま整理手続で被告人側の主張が明示されれば、取調官側がこれに対し十分な対策を講じてしまうので、果たしてこういう認定ができるかどうか疑問ではないかと思います。

ところで、私は、可視化の可否をめぐる論争は、純粋な理論闘争としては既に決着がついていると感じています。しかし、それでも、当局は、容易に反対をやめないでしょう。私は、その真の理由は、もし可視化が実現されれば、現在使われている違法・不当な捜査方法が使えなくなることを彼らが恐れているからだと想像しています。反対論をよく読むと、このことは、言葉の端々からも窺われます。私には、現在主張されている表向きの反対理由は、この真実の理由を包み隠すための隠れ蓑、「もっともらしい屁理屈ないしこじつけ」であると思われてなりません。

現状では、取調官が実際に違法・不当な取調べをしている場合でも、法廷で「そんなことはしていない」といい張ることによりこれを押し隠すことができます。志布志事件がまさにそれです。また、万一私の法廷におけるような経過で、裁判所が捜査の違法を認定したとしても、「それは裁判所が認定を誤ったにすぎない」と強弁することが不可能ではありません。しかし、可視化が実現されますと、警察が行った違法な捜査方法は否応なく白日の下に曝されます。そこでは、「そんなことはしていない」という従来の弁解は通らなくなります。捜査当局は、これを一番嫌がっているに違いありません。

この想像がもし当たっているとすれば、当局の抵抗は今後も執拗に続くと覚悟しなければなりません。私は、可視化を実現するための一番の早道は、全国の裁判官が、一致して、かねてから私が提唱しているように、「取調官の供述と被告人のそれが対立して水掛け論になったら取調官側の負けと割り切る」ことだと思いますが、この考えは、容易に裁判所の内部に浸透していきません。そうだとすれば、当面大事なのは、日常の刑事事件における弁護人の活動です。各弁護人が、弁護活動をよりいっそう工夫・充実させ、捜査の過程を少しでも目にみえるようにする地道な努力だと思います。この観点からは、大阪で始まった「被疑者ノート」(5)の全国的な普及とか、反対尋問に関するゴールデン・ルール、ダイヤモンド・ルール(6)の研究などが大いに注目されますが、ほかにも有効な方法はないか、さらに研究する必要があると思います。

四　志布志事件について

現在鹿児島で進行中のいわゆる「志布志事件」は、本当にとんでもない事件です(7)。この事件の経過を知ると、警察の捜査もとうとう行くところまで行ってしまったなという思いを深めています。

そういう意味で、私は、この事件はまことに深刻な事件だと思います。しかし、ひるがえって考え直してみると、やや逆説的な言い方にはなりますが、この事件は、可視化を実現するうえでは絶好の材料になるともいえます。その理由は、「このようなひどい事件を今後二度と起こさせないためにも可視化が絶対に必要である」という論法に、かなりの説得力が出てくるはずだと思うからです。ですから、私は、この事件は、後日振り返った場合、「可視化実現の運動において一つのターニングポイントとなった事件である」と総括できる可能性のある事件だと考えます。衝に当たる先生方はまことにご苦労様ではありますが、そういう総括のできる日が一日も早く到来するように、いっそうのご努力をお願いしたいと考える次第です。

五　可視化が実現した後に残る問題

私は、取調べの可視化自体が既に世界（先進諸国）の趨勢であるうえ、志布志事件のような事件が現に発生している以上、捜査当局としても、いつかは反対しきれなくなる日が来るだろうとは考えています。

しかしながら、取調べの可視化は、それ自体が最終的な目標ではありません。それは、あくまで被疑者（あるいは参考人）に対する過酷な、違法・不当な取調べをやめさせるための一つの手段にすぎないのです。「可視化は実現したが無理な取調べは一向になくならない」ということでは困るのです。

ところが、私は、現実の問題として、そういう事態に至る可能性が絶無ではない、というより、判例の現状を前提とする限り、それはかなりの蓋然性をもって予想されることではないかと心配しています。この点でよくいわれるのは、取調べ自体を可視化しても、捜査当局は、それ以外の場面で被疑者にいろいろと影響を与え得るのではないかという点です。私もこの点は確かに心配ですし、そういう事態が発生しないよう工夫していかなければならないと思います。しかし、私がこれから申し上げるのは、それとは別のことです。

私が心配しているのは、可視化によってせっかく違法・不当な取調べ方法が明らかにされても、裁判所が次々にこれを是認して自白の任意性を肯定してしまうのではないかという点です。確かに、可視化が実現されれば、あからさまな暴行・脅迫による自白は減少するでしょう。しかし、私は、それ以外の方法による違法・不当な取調べが、可視化によって有効にチェックできるかどうかについて不安を持っています。

任意性に関する比較的最近の最高裁の判例としては、高輪グリーンマンション事件決定(8)が有名です。この事件では、任意捜査として、被疑者を警察が手配した施設に四夜も連続して宿泊させたうえでした取調べを違法でないとしています。しかし、それよりさらにひどいのは、一九八九（平成元）年の無欲事件決定(9)です。この事件では、警察は、別件で身体拘束中の被告人を逮捕状の出ていない贈賄罪で取り調べたのですが、否認する被告人に対し、「否認するのは私欲があるからだ。無欲の境地に達したとき自供することができるのだ」といって、昼食時の三〇分を除き、自白するまで合計四時間も、「無欲」という紙の貼ってある壁に向けた椅子の上に正座させたというのです。しかも、被告人は高齢で高血圧の持病もあります。それでも最高裁は、自白の任意性を疑いませんでした。

こういう判例の下では、先ほどの私の心配も杞憂ではないのではないでしょうか。このような判例の出現は、今後何としても阻止していかなければなりません。そうでないと、事態は、ある意味で現在よりいっそう深刻化します。なぜかといえば、警察がこのような捜査方法をとるについては、「もしかしたら裁判所に咎められるのではないか」という後ろめたい気持ちがあるはずです。であるからこそ、こういう問題が起こる都度、「実際はそのようなことはなかった」と言い逃れようとするのだと思います。それがもし、この判例のように、ひどい取調べの実態が明らかになってもなお、自白の任意性・信用性に影響がないということになったらどうでしょうか。警察は、裁判所にお墨付きをもらったと考えて、今度は堂々とそういう捜査をするでしょう。それは最悪のシナリオです。

私は、可視化の実現に向けては、日弁連のさらなる努力に期待したいと思います。しかし、それとは別に、日常刑事事件の弁護に当たる弁護士の方々に対し、「こういう判例の出現を何としても阻止するのだ」という強い決意で弁護に当たっていただきたいと希望します。先ほどの無欲事件の弁護人が、正座による取調べが行われる前に被告人にしたアドバイスは、次のようなものでした。すなわち、「弁護人としては被告人のいうところを信じたいが、賄賂を届けたTが絶対黒といっているので、どちらを信じていいかわからない。もし黒であるなら速やかに自供して情状酌量を考えた方がいいし、もし白だというなら、強い意思と体力で四〇日はがんばらなくては駄目だ」と。ここには、「被告人と一緒に警察の不当な取調べと断固闘う」という姿勢がみられません。

現実には、ここにお集まりの先生方ほど意識の高くない弁護士さんも刑事事件の弁護を担当されますので、全部の事件について完璧な弁護を期待するのは無理なのかもしれません。しかし、私は、こういう問題に対してこそ、弁護士会が研修や啓蒙活動をいっそう強化して、刑事事件を扱うすべての弁護士の意識を高め、弁護の技術を向上させるよう、いっそうのご努力をお願いしたいと考える次第です。

1　東京地判昭和五〇年三月七日判時七七七号二一頁。証拠決定は、東京地決昭和四九年一二月九日判時七六三号一六頁。
2　渡部保夫「被疑者の尋問とテープレコーディング」判タ五六六号一頁、同「被疑者尋問のテープ録音制度」判タ六〇八号五頁。
3　浦和地判平成二年一〇月一二日判時一三七六号二四頁。
4　浦和地判平成三年三月二五日判タ七六〇号二六一頁、浦和地判平成三年五月九日判タ七六四号二七一頁、浦和地決平成三年一一月一一日判タ七九六号二七二頁、浦和地決平成四年一月一六日判タ七九二号二五八頁、浦和地判平成四年三月四日判タ七七八号九九頁、浦和地判平成四年三月一九日判タ七七八号九九頁。

5　秋田真志＝小林功武「実践の中で取調べの可視化を――被疑者ノートの試み」季刊三九号八二頁。

6　秋田真志ほか「刑事証人尋問技術の研究」日本弁護士連合会編『現代法律実務の諸問題〔平成一四年版〕』（第一法規、二〇〇三年）六〇七頁以下、高野隆「法廷に常識を取り戻そう――裁判員制度の下での弁護のゴールデン・ルール」同前平成一五年版（第一法規、二〇〇四年）五二七頁以下、キース・エヴァンス著／高野隆訳『弁護のゴールデンルール』（現代人文社、二〇〇〇年）。

7　この事件は、本講演の時点では、民刑いずれの事件も第一審裁判所に係属したばかりであったが、その後の展開によって、冤罪事件として有名になった。その点については後掲〈補注〉及び第六章参照。

8　最決昭和五九年二月二九日刑集三八巻三号四七九頁。

9　最決平成元年一〇月二七日判時一三四四号一九頁。

〈補注〉　本講演の趣旨とその後の動き

本講演は、私が法政大学法科大学院に迎えられた直後（一九九二年秋）にしたものである。当時私は、迂闊にも志布志事件のことを何も知らなかった。そのため、日弁連から講演の依頼を受けた後、提供された資料を検討した結果は、「驚き」以外の何ものでもなかった。現役の裁判官時代から、捜査機関のやり方のきたなさは十分認識していたはずであるが、それにしても、この事件での警察・検察官のやり方は常軌を逸している。私は、「捜査機関はここまでやるのか」という気持ちを抱くとともに、こういう現実を放置していてはいけない、そのためには取調べの全面可視化を何としても実現しなければならない、という気持ちに駆り立てられた。

本文中で、私は、この事件がまことに深刻な事件であることを憂いながらも、「この事件は、後日振り返った場合、『可視化実現の運動において一つのターニングポイントになった事件である』と総括できる可能性のある事件である」と指摘している。そして、現実にも、志布志事件については、①本体である刑事事件で一二人全員無罪の判決が確定し（鹿児島地裁平成一五年わ第二一七号同一九年二月二三日判決）、②これから派生した踏み字損害賠償請求事件（同地裁平成一六年ワ第二六三号）でも、原告勝訴判決が確定した。また、③踏み字をさせた警察官に対する特別公務員暴行陵虐被告事件でも、元警察官に対する有罪判決（福岡高判平成二〇年九月九日）が確定している。そして、以上一連の経過にかんがみ、検察庁及び警察が「取調べの一部可視化」の試みを開始した。このような動きからすると、この事件が「取調べの可視化」について、大きな流れを作ったことは否定できない。

しかし、問題は、取調べの「全面」可視化の成否である。一部可視化は、全面可視化と「似て非なるもの」であり、これでは問題解決にならないどころかむしろ弊害が大きい。私は、裁判員制度の発足より前に何としてでもこの問題を軌道に乗せたいと考えたが、現実の壁は厚い。

しかしながら、録画をあれほど嫌がっていた警察が、一部にせよ可視化の手法を取り入れる方向に動き出したということは、警察も今のままでは世論をバックにした可視化運動に対処しきれないとみた結果であろう。

あと一息である。「現実の壁は厚いが、山は動き出した」とみるべきであろう。「全面可視化」の運動は、これからがいよいよ正念場である。

なお、本文中でも述べたとおり、私は、可視化反対論は既に完全に論破され尽くしていると考えている。この点については、反対論を徹底的に批判する最近の文献、たとえば、日弁連『取調べの可視化（取調べの全課程の録画）の実現に向けて——可視化反対論を批判する〔第三版〕』（二〇〇八年）、小坂井久＝秋田真志「取調べの可視化をめぐる課題」刑事法ジャーナル二〇〇八年一三号二三頁以下、青木孝之「取調べ可視化論の整理と検討」琉球大学法学第八一号別冊などを参照されたい。

第六章　鹿児島選挙違反事件（志布志事件）にみる密室取調べの弊害

一　鹿児島選挙違反事件（志布志事件）とは

鹿児島選挙違反事件（志布志事件）とは、二〇〇三（平成一五）年四月一三日施行の鹿児島県議会議員選挙に伴い、大隅半島の志布志町で行われたとされる選挙違反（買収）事件である。「行われたとされる」と記載したのは、被告人らはこれを「事実無根の冤罪」であるとして争っているからであり、公判は、現在鹿児島地裁（刑事部）で進行中である。なお、本件については、捜査の違法を理由として弁護人らから損害賠償ないし国家賠償の請求訴訟も提起されており、こちらも、現在同じ鹿児島地裁（民事部）に係属している。(1)

私が本件について重大な関心を抱くに至ったのは、去る二〇〇四（平成一六）年一一月二日に行われた日弁連シンポジウム(2)で特別報告とパネルディスカッションへの参加を求められて以来である。その準備のためにこの事件の経過を調べてみて、私は、問題の大きさに驚愕するとともに、この事件には現在わが国の刑事司法が抱える問題点が集約されていると実感した。

そこで、以下、資料として提供された国家賠償等請求訴訟の訴状と被告側の準備書面などを中心に、本件の問題点を紹介し、合わせて事態改善の方向性を探ることとする。

二　事件の概要と問題点の所在

捜査は、県議会議院選挙の直後（翌日）に始まった。この選挙で当選を果たした保守系無所属新人のN氏派に関しては、まず運動員の一人が焼酎などを配ったという疑いで任意取調べを受けたのを皮切りに、N氏本人を含む一〇数人が次々に繰り返し逮捕・勾留され、結局一三人が公職選挙法違反罪（現金買収など）により起訴された。

前記国家賠償等請求訴訟は、その過程で行われた捜査の違法を理由とするものである。訴状の指摘する主要な問題点は、①警察・検察官が行った取調べの違法、②警察・検察官による秘密交通権の侵害に絞られているが、それ以外にも、③裁判所が行った国選弁護人解任の適否、④接見禁止のままでの長期勾留（いわゆる「人質裁判」）の適否の点も問題とされ得る。以下、分説する。

1　取調べの問題点①——長期間・長時間の取調べ

弁護人が指摘している取調べの違法は多岐にわたるが、そのすべてを取り上げる余裕はない。そこでここでは、比較的事実を客観的に確定しやすい「長期間・長時間の取調べ」の問題と、本件における特徴的な取調べ方法である「踏み字」について紹介するにとどめる。

まず、取調べの期間・時間の問題である。訴状によると、最終的に不起訴となったA運動員（以下「原告A」という）は、まず四月一四日から「三日間連続で朝八時ころから午後一一時（三日目は午後九時）ころまで」、任意取調べの形で長時間の取調べを受け、体調を崩して入院する結果となったが、その後、六月五日から一七日までの一三日間も連続して午前八時から午後七時ころまで取調べを受け、また同月二九日から七月一六日の一八日間もやはり連続して取調べを受けたというのである(3)。これに対し、被告側は、取調べの月日、自宅からの同行時刻、帰宅させた時刻などを一部争っているが、取調べをした期間や時間などの基本的部分に大きな争いはないようである。

そうすると、最初の三日間の取調べ時間だけをみても、この取調べが任意捜査の限界を越えているのではないかという重大な疑問を生ずる。原告の健康状態に不安があったとすればなおさらである(4)。

それだけではない。捜査官は、その後も、六月五日から、途中約一〇日間の休みを挟んだだけで三五日にもわたって連日の取調べをしているのである。もし任意取調べの名の下にこのような長期間・長時間の取調べが許されるとすれば、身柄拘束期間に関する刑訴法の厳格な定めは、あってなきがごときものではないか。任意捜査としての取調べは、「事案の性質、被疑者の態度等諸般の事情を勘案して、社会通念上相当と認められる方法ないし態様及び限度」において許容されるというのが最高裁の判例(5)であるが、本件のような取調べを正当化するためにこの判例の趣旨を援用することが許されるとすれば、任意取調べの限界に関するこの判例の基準は、もはや基準としてまったく役に立たないことになる。

2　取調べの問題点②——「踏み字」

訴状によると、「踏み字」は、次のような経緯で行われたとされている。すなわち、原告Aが、取調官から長時間取調べを受けた後も事実を否認していると、三日目の午後に至り、取調官は、突然紙に「お父さんは、そういう息子に育てた覚えはない」「沖縄の孫　早く優しいおじいちゃんになってね」などとマジックで書いたものをAの足下に並べ、「反省しろ」といって出て行ったが、約一時間して戻ってくるなり、Aの足首を掴んで持ち上げ、「血も涙もない奴だ。親や孫を踏みつける奴だ」といってその紙の上に足を持って行き、無理やり踏みつけさせたというのである。

これに対し、被告側は、取調官が、ほぼ上記のような文言を記載した紙をAの足の下に置き、Aの左右の足首を両手で持ち上げてその紙の上に置いたことを認めている。そのうえで、それは「本当のことを話して欲しいという気持ちを原告の視覚に訴えるため」であり、回数は一回だけであったなどと主張している。この行為が行われるまでのいきさつの細部には争いがあるが、被告側が認めている上記の限度で考えても、これは、取調べを受ける者の人間としての尊厳・プライドや肉親間の愛情を踏みにじる、少なくとも精神的な拷問であるといわれてもやむを得ないであろう。

3　秘密交通権侵害の有無

(1)　秘密交通権侵害の内容

問題とされている秘密交通権の侵害とは、次のようなものである。すなわち、この事件に連座して逮捕・勾留された被疑者らは、一部の事実で起訴された後[6]も、接見禁止決定が解除されないまま、再勾留、再々勾留を繰り返されて長期間・長時間の取調べを受けたため、弁護人は、接見の際に、家族からの激励の手紙をガラス戸越しに見せた。しかし、捜査官は、接見の直後に被疑者を取り調べて接見状況について聴取し、その状況を供述調書にまとめた。そして、これを資料として、裁判所に対し国選弁護人解任の請求をした、というのである。

これに対し、被告側は、捜査官が被疑者から事情聴取したのは「接見の直後」「その都度」ではないとしながらも、捜査官が、被疑者から弁護人との接見内容について事情を聴取しこれを調書化したこと自体は、これを認めている。そのうえで、被告側は、捜査官の事情聴取及び供述調書の作成は、被疑者らの「自発的な供述」に基づいて「弁護人らが否認のしょうようをするなどの捜査妨害行為に及んでいる」ことが発覚したために行ったものであるから違法ではない、と主張している。要するに、捜査官は、被疑者から接見内容を無理に聞き出したのではなく、被疑者が自発的に、任意にしゃべった内容を供述調書にまとめただけだから、接見交通権の侵害にはならない、というのである。しかし、このような理屈がまかりとおっては大変である。以下、その理由を説明する。

(2)　憲法三四条と秘密交通権の内容

身柄拘束中の被告人・被疑者は、自らを防御する手段を持たないので、弁護人の助力を受けなければ防御権を行使することができない。そこで、憲法三四条は身柄拘束中の者に弁護人依頼権を保障したのであるが、この憲法の規定は、身柄拘束中の者に対し、単に形式的に弁護人を選任する権利を与えさえすれば足りるとする趣旨ではない。それは、身柄拘束中の者を実質的に弁護人の弁護を受け得る状態に置く必要があることを意味している。そして、このような者が弁護人の弁護を実質的に受けようとする場合にどうしても必要な手段が、弁護人と秘密裡に接見することができる権利、すなわち、秘密交通権なのである(7)。

そうしてみると、刑訴法三九条一項の定める秘密交通権は、憲法に由来する重要な権利であって、最大限に尊重されなければならないのは当然であり、同条にいう「立会人なくして」とは、「接見の内容を官に知られることなしに」という意味に理解しなければならない。なぜなら、たとえ接見が形式的には立会人なくして行われたとしても、その内容が官（警察・検察官等）に知られるのでは、被告人・被疑者を萎縮させ接見における自由な意思疎通ができなくなる。これでは、弁護人による実質的な弁護は不可能である。

このあたりについては、比較的最近出された大阪地裁の二つの民事判例(8)が適切に説示しているとおりであると考えられる。

(3)　本件における捜査官の行為の持つ意味

ところで、本件において捜査官は、確かに接見の内容を直接盗聴したわけではない。しかし、弁護人との接見後、捜査官において被疑者からその内容を聞き出し調書に作成するというようなことが許されるとすれば、それ自体が被疑者にとって精神的な重圧になり弁護人との自由な意思疎通が妨げられる。被告側は、被疑者の供述が「自発的」であり任意の意思に基づくものであることを強調しているが、取調べを受ける者の捜査官に対する供述が、真の意味において「自発的」であり得ると考えるのは幻想にすぎない。

(4)　被疑者取調べ権限の限界

そればかりではない。刑訴法一九七条、一九八条が捜査官に与えた被疑者取調べの権限には、被疑者の秘密交通権との関係で限界があると解すべきである。捜査官による被疑者の取調べは、あくまで事案の真相解明のために認められたものである。他方、被疑者にも憲法に由来する防御権・弁護人選任権があって、これを実質的に保障するものとして秘密交通権がある。そうすると、捜査官の被疑者取調べの権限は、被疑者の有する秘密交通権と抵触しない限度にとどまるはずである。捜査官が取調べにおいて被疑者と弁護人の接見内容に踏み込むことは、万一被疑者が自発的に述べたとしても（そのようなことが事実上あり得ないことは前述のとおりであるが）、許されないというべきである。

要するに、被疑者と弁護人との秘密のやりとりは、捜査官が介入することの絶対に許されない、いわばアンタッチャブルな分野であるというべきであり、[9]そうでなければ、健全な刑事訴訟の運営はおよそ期待できなくなる。

(5)　「弁護人による捜査妨害行為」の主張について

被告側は、捜査官が被疑者から接見内容を聴取した理由として、「弁護人らが否認のしょうようなど捜査妨害行為をしていると思料されたこと」を挙げている。しかし、これも、捜査官による秘密交通権への介入を正当化するものとはとうてい考えられない。被告側は、弁護人による「否認のしょうよう」をもって「捜査妨害行為」であると主張するが、それは捜査官側からみた一面的な見方にすぎない。被疑者・弁護人の立場からすれば、否認が正当な防御権の行使である場合は無数にある。具体的にどのような弁護活動をするかは、弁護人が自らの職責にかんがみ自ら決定すべきことであって、これに捜査官が容喙することは許されない。「弁護人が被疑者に否認をしょうようした」ということから、直ちに弁護人による捜査妨害行為があったと考えるのは、余りにも短絡的である。

本件において、被告側が、弁護人の捜査妨害行為として具体的にどのようなものを主張するのか、詳細はいまだ不明である。あるいは、弁護団からの報告にあるように、「弁護人が被疑者らの家族の手紙をガラス戸越しに見せた行為」を持ち出すのかもしれない。しかし、このような行為を捉えて、不当な捜査妨害行為であるとか、接見禁止決定を潜脱するものであると論断するのは、明らかに不当である。

4　国選弁護人解任の適否と人質裁判

シンポジウムにおいては、以上の問題点のほか、①このようにして作成した供述調書を資料とする国選弁護人の解任請求とこれを容れた裁判所の解任決定の適否、及び②被告人らが接見禁止決定を解除されないまま長期間身柄拘束を続けられたこと（いわゆる「人質裁判」）も問題とされた。二つとも、重要な問題である。

まず、裁判所による国選弁護人の解任は、前記のような経緯で作成された被告人等の供述調書を資料とする点で疑問がある。また、その実質的な解任理由が前記二3(5)記載のようなものであるとすれば、これも解任理由になり得ない。(10)

人質裁判の問題も深刻である。報告によれば、起訴された一三人は、四人を除いて接見禁止決定を受けており、また、ごく一部の者が本起訴後二ヶ月余りで保釈された以外は、おおむね本起訴後数ヶ月、候補者本人に至っては満一年間、保釈が許されなかったということである。これは異常としかいいようがない。本件程度の選挙違反罪で起訴された者に対し、「事実を否認する以上満一年もの身柄拘束を受忍せよ」と求めることは、社会の常識に反する。これでは、「事実を認めない限り長期間勾留する」と恫喝して、被告人に対し国が公判廷での自白を強要するに等しいではないか。しかし、これらの点に関する違法は、今回の国家賠償等請求訴訟において主張されておらず、したがってまた被告側の反論もされていないので、深入りを避ける。

三　問題解決の方向性

1　「取調べの全面可視化」の必要性

密室における取調べでは、えてして行きすぎが起こりやすい。現に、私が在官中に関与した判決・決定の中にも、違法・不当な取調べを理由に自白の任意性を否定したものが少なくないし、(11)最近の下級審の裁判例においても、同様な指摘をするものが後を絶たない。(12)しかし、これらの裁判例が続出しているにもかかわらず、捜査当局に、取調べの実態を改善しようという動きはみられない。

現在のように、被疑者と取調官以外に誰もいない密室で取調べを行った場合、行きすぎた取調べが行われることになるのは、ある意味で必然である。本件の違法取調べは、この必然性の到達点であるといってもよい[13]。

もちろん、裁判所が自白の任意性をもっと厳格に審査すれば、多少は改善の動きが出るかも知れない。しかしながら、限られた資料でする裁判所の任意性審査には、おのずから限界がある。捜査の違法を根絶させるためには、どうしても「取調べの全面可視化」を実現する必要がある。そうでなければ、今回のような違法捜査・人権侵害は、未来永劫になくならないであろう。

2　可視化の議論を妨げるもの

日弁連は、「取調べの可視化」にかねてより積極的に取り組んでいる。しかし、その実現の最大のチャンスであった今回の司法改革でも、結局この問題は先送りされてしまった。

可視化反対論者からは、その理由がいくつか示されている。いわく、①衆人環視の中では、取調官と被疑者の間で信頼関係を構築して真実の供述を引き出したり、被疑者を真に反省悔悟させたりすることができない（信頼関係構築論ないし反省悔悟論）、いわく、②組織犯罪者の中には、自分が話したことを秘匿してもらわなければ供述しないという者がおり、これら供述人を保護する必要がある（供述人保護論）、いわく、③わが国の刑法は、主観的な要素を重視しているから被疑者の詳密な取調べが必要であり、これは可視化された環境では不可能である（実体法客観化論）などである[14]。しかし、これら反対論の論拠は、既に推進論によってすべて論破されてしまっている[15]。ところが、捜査当局は、可視化にあくまで反対の構えを崩さない。それはなぜであろうか。

理由は明白である。それは、取調べを可視化すると、現在行っている違法な取調べ手法が使えなくなるからである。私は、上記のようなもっともらしい反対論の論拠は、反対の真の理由を包み隠すための隠れ蓑以外の何ものでもないと考えている。

四　刑事司法の健全化へ向けての期待

二〇〇四（平成一六）年に成立したいわゆる裁判員法により、遅くとも二〇〇九（平成二一）年五月には一般国民の関与する裁判員裁判が実現することになった。しかし、自白の任意性を現在のようなやり方で審理していては、裁判員による裁判はとうてい不可能である。そのため、最近は、「裁判員裁判が行われるまでには、何としても取調べの可視化を実現すべきである」という趣旨の主張が、弁護士サイドからだけではなく、裁判官経験者や現役裁判官からも出されるようになった[16]。私も、まったく同感である[17]。裁判員裁判の実現は、長い間ブラックボックスとされてきた取調べを白日の下にさらす絶好のチャンスである。衝に当たる方々（特に、法務・検察当局の方々）は、二一世紀の司法を健全化するという大局的な立場から、是非ともこの問題に正面から立ち向かっていただきたい[18]。

1　これら一連の事件については、その後刑事・民事ともに、被告人（住民）側が勝利する形で決着がついた。本書第五章〈補注〉参照。なお、本件における検察官・裁判所の対応を厳しく批判するものとして、鳥丸真人「組織的な秘密交通権の侵害と国選弁護人の解任」季刊三八号一三八頁がある。

2　「可視化でなくそう！違法な取調べ――鹿児島選挙違反事件にみる密室取調べの実態」と題するもの。

3　そして、七月二四日に逮捕された。

4　被告側も、この期間内の取調べの最中、原告Aの要請によって警察がAを病院に連れて行った事実、及び四月一七日からAが入院した事実を認めている。

5　最決昭和五九年二月二九日刑集三八巻三号四七九頁。

6　このような経過で身柄を拘束されている者は、被疑者としての身分と被告人としての身分を併せ持つが、以下においては、「被疑者」と称することとする。

7　他方、これを弁護人からみれば、弁護権の最も重要な内容である。

8　①大阪地判平成一二年五月二五日判タ一〇六一号九八頁、及び②大阪地判平成一六年三月九日判時一八五八号七九頁。なお、後藤国賠訴訟弁護団編『ビデオ再生と秘密交通権　後藤国賠訴訟の記録』（現代人文社、二〇〇四年）、同前『ビデオ再生と秘密交通権〔控訴審編〕』（現代人文社、二〇〇五年）参照。

9　同旨、前記シンポジウムでの川崎英明教授の発言。

10　鳥丸・前掲注**1**一四〇頁参照。

11　拙著『刑事裁判の心――事実認定適正化の方策〔新版〕』（法律文化社、二〇〇四年）五六頁参照。

12　自白の任意性を否定した比較的最近の裁判例としては、①京都地決平成一三年一一月八日判時一七六八号一五九頁、②佐賀地決平成一四年一二月一三日判時一八六九号一三五頁があり、また、③仙台高判平成一四年一一月一二日判タ一一五六号二八六頁は、任意性こそ否定しないものの、安易杜撰な捜査方法を強く批判して自白の信用性を否定している。

13　もっとも、重大事件における取調べの方法は、本件と比べてもはるかに厳しく、かつ、巧妙である。その実態を赤裸々に暴いたものとして、高野隆ほか『偽りの記憶』（現代人文社、二〇〇四年）参照。

14　たとえば、松尾邦弘・週刊法律新聞平成一六年七月二三日号のインタヴュー記事、本江威憙「取調べの録音・録画記録制度について」判タ一一一六号四頁、山上圭子「英国における取調べの録音制度について」法律のひろば二〇〇三年六月号七一頁など。

15　たとえば、小坂井久「『取調』全過程の録音に向けて㈢『取調べ録音権』試論」刑弁情報一三号二五頁、大出良知「取調べのテープ録音は導入可能か」季刊一四号七五頁、渡辺修「被疑者取調べと司法改革」法時七四巻七号三六頁など。なお、その後のものとして『取調べの可視化（取調べの全過程の録画）の実現に向けて――可視化反対論を批判する〔第三版〕』（日本弁護士連合会、二〇〇八年）。

16　吉丸真「裁判員制度の下における公判手続きの在り方に関する若干の問題」判時一八〇七号三頁、佐藤文哉「裁判員裁判にふさわしい証拠調べと合議について」判タ一一一〇号四頁、松本芳希「裁判員制度の下における審理・判決の在り方」ジュリ一二六八号九一頁など。

17 拙稿「畏友石井一正教授にあえて反論する『合理的な疑い』の範囲などを巡って」判タ一　五一号一八頁参照。

18 可視化は、既に世界の潮流である。現在の情勢では、わが国は、欧米先進国に遅れているというだけでなく、アジアの中でさえ後進国の仲間入りをしつつある。この問題に関する世界各国の動きについては、日弁連が精力的な調査活動を行い、有益な資料を多数刊行している。

〈補注〉

この論文は、第五章「取調べの可視化について」の講演をした後、法学セミナー編集部の依頼に応じて執筆したものである。したがって、第五章の講演と内容的には一部重複するが、論文のスタイルをとっていて内容的に多少まとまっていると思われるので、合わせて収録することにした。

志布志事件及びこれから派生した事件のその後の動き、並びに取調べの可視化をめぐる動きについては、本書第五章の〈補注〉のほか、朝日新聞「志布志事件」取材班『虚罪　ドキュメント志布志事件』（岩波書店、二〇〇九年）を参照されたい。

第七章　隘路の中の刑事弁護——現状を打開する方策はあるか

一　はじめに

私は、昨年（二〇〇四年）四月に法律文化社から『刑事裁判の心——事実認定適正化の方策』という本を、また本年（二〇〇五年）七月には、同じく法律文化社からその続編に当たる『事実認定の適正化——続・刑事裁判の心』という本を出版した。(1) この二冊の本の中で、私は、刑事裁判の事実認定を適正に行うにはどうしたらよいか、そして、またそのための弁護活動はどうあるべきかについて、詳しく論じたつもりである。したがって、この点に関する私の考えの詳細は二著に譲る。ここでは、わが国の刑事裁判、刑事弁護が置かれている現状に関する私の認識を示した後、そのような状況をいかにして打開すべきかについて、若干の意見を述べることとしたい。

二　わが国の刑事司法が抱える問題点

わが国の刑事司法がどのような問題を抱えているかについての意見は、裁判、検察、弁護、研究者、さらには一般国民の立場など、どの立場からみるかによってかなり異なる。裁判・検察関係者には現状を肯定的にみる見解も多いが、残念ながら私は、この見解に賛成することができない。

以下、私が特に問題であると捉えている論点を四つ拾い上げてみる。それは、①人質裁判、②被疑者・参考人の取調べの時間と方法、③証拠開示、④自白の証拠能力・証拠価値に関する判断方法である。①②は、まさに今回鹿児島県志布志町で摘発された選挙違反事件(2)が当面している問題である。以下、順次検討しよう。

1　人質裁判

令状実務の現状に問題があることは明らかである。逮捕・勾留は余りにも安易にされているし、保釈の運用は厳格にすぎる。また、接見禁止決定も乱用されている。これらの点については、今さらあらためて指摘するまでもないと思う。

もちろん、被疑者・被告人と弁護人との接見が禁止されることはない。しかし、捜査官は、刑訴法三九条三項を最大限に活用（乱用）して、何とかしてこれを制限しようとしてくる。そのため、否認事件の被疑者と弁護人との接見時間は、通常きわめて短いものになる。接見禁止決定が付されている事件では、一番大切な被疑者と家族との意思疎通すらできなくなるので、弁護人は、いきおい貴重な接見時間を割いて、「家族の代わり」もしなければならない。

他方、起訴後は接見指定こそなくなるが、拘置所の設備その他の関係で接見は事実上大きく制限される。拘置所では、面接室が少ないため、被告人と面会するまでにかなりの時間待たされる。また、午後五時以降の接見は職員の勤務時間の関係で許されない。このような点は、刑事弁護に従事した弁護士であれば、誰でも一度は経験する苦労であろうと思う。

私たちが判事補として令状事務を担当していたころと異なり、最近は、特段組織的な背景もなく、また前科すらない普通の市民がたまたま犯罪に巻き込まれたような場合でも、接見禁止決定は簡単に付されてしまう。また、志布志事件が現にそうであったように、一度付された接見禁止決定は、起訴後も当然のように継続される。事件によっては、一審判決が言い渡された後でもこの決定が解除されないことすらある。

接見禁止決定は、もともと、身柄を拘束しても防止できない強度の罪証隠滅のおそれがある場合に初めて可能となる性質のものである。(3) 現在のような運用は、接見禁止制度の本来の趣旨を明らかに逸脱しているといわざるを得ない。

このような形で被告人を人質にとられるため、弁護人は、思ったような活動ができなくなる。現在のような人質裁判は、何とかしてやめさせなければならない。これは、今後の実務における最大の課題の一つであろう。

2　被疑者・参考人に対する取調べの時間と方法

被疑者・参考人の取調べの問題も深刻である。志布志事件がその典型であるが、公判で否認事件を審理していくと、逮捕・勾留の期間中、毎日朝早くから夜遅くまで、(4) 被疑者を取り調べて自白させるということが日常茶飯事的に行われていることがわかる。逮捕・勾留の二三日間くらいならまだましな方で、被疑者の取調べは、現実には何ヶ月も続くことがある。刑訴法には、勾留期間の制限があるが、捜査官は、あの手この手と工夫してやってくる。

①一番典型的なのは軽微な別件による逮捕・勾留を利用する方法であるが、それが利用できないときは、

②事件単位の原則を最大限に活用する方法がある。これは、逮捕事実を小出しにして、逮捕・勾留を次々に繰

り返す方法である。被疑者が同種犯行をいくつか犯している疑いがあるようなときは、これは大変有効な方法となる。志布志事件も、このタイプに属する。

③さらに、起訴後の勾留を別件の取調べに利用することも、よく行われる。起訴された以上、当該事実について被告人を取り調べることは基本的には許されないはずであるが、余罪については取調べができるとされているので、「任意取調べ」の名の下にどんどん取調べをしてくる。この方法は、以前私が最高裁調査官として調査報告を担当したもう一つの鹿児島事件[5]でも利用された。起訴後の勾留は、起訴前のそれと比べ期間が長いから、このような取調べが無制限にできることになると、起訴前の勾留について期間を厳格に制限した意味がなくなってしまう。

④さらに、ある意味ではこれが一番問題であるが、身柄不拘束の被疑者を任意捜査の名の下に連日長時間取り調べる方法である。そのような実務が大手を振ってまかりとおるようになったのは、「高輪グリーンマンション事件最高裁決定[6]」以来である。この事件では、四夜にわたって、被疑者を警察が手配したホテルに宿泊させて連日取り調べた結果自白を得たのであるが、最高裁は、この自白の任意性を肯定してしまった。いったんそのような判例が出ると、これをさらに拡大解釈して射程を広げようとする裁判例が出てくる。現に、その後、九晩にわたって被疑者を警察の手配したホテルに宿泊させて取り調べ、その結果得られた自白の証拠能力を肯定した地裁判決[7]が出現した。さすがにこの判断は高裁で否定されたが[8]、その高裁も、今度は自白がなくても情況証拠だけで有罪認定ができると判断してしまったため、結局被告人は救済されなかった。

今回の志布志事件の被告人は、宿泊こそさせられなかったものの、実質的な逮捕に近い状態で長期間・長時間の取調べを受けている。これらの判例の犠牲者といえる。

捜査官は、このような多種多様な方法によって刑訴法の身柄拘束期間を実質的に潜脱しようとしてくる。このような事態に対し、現在までのところ、裁判所は適切な対応ができていない。現状は、まことに憂慮すべきである。

それだけではない。捜査官は、このような取調べによって膨大な量の供述調書を作成するが、その作成過程は外部からまったくこれを窺い知ることができない。また、作成される供述調書は、俗に「一人称独白スタイル」といわれる独特のものである。したがって、捜査官の作文能力が優れていると、実際罪を犯していない被疑者の供述調書であっても、あたかも、「その者が真実犯罪を行ったことに間違いない」と思わせるような迫真力を持ったものにすることができる。過去の冤罪事件は、このような取調官の作文能力に裁判所が惑わされてしまった結果発生したのだということもできよう。

3 証拠開示

証拠開示の問題は、今回の改正刑訴法でだいぶ改善された。しかし、まだ十分ではない。

周知のことではあるが、現行刑訴法（二〇〇五年改正前のもの）は、証拠開示に関しわずか一ヶ条（二九九条）しか置いておらずまことに不備である。そのため、現行法の解釈としては、検察官は基本的に取調べを請求した証拠以外の証拠を開示する義務がないとされてきた。捜査官は、法律によって与えられた強大な権限を駆使してあらゆる証拠を集めてくるが、弁護人が、「その中に被告人に有利な証拠があるかもしれないからみせてほしい」といっても、それをみせることはめったにない。

その後、一九六九（昭和四四）年に訴訟指揮権に基づく証拠開示命令を認める最高裁判例[9]が出されて、小さな突破口が開かれた。しかし、この判例は、あくまで反対尋問のための証拠開示を限定的に認めたにすぎないもので、その掲げる開示命令の要件もきわめて厳格である。この判例が実務上有効に活用されることは余りなかった。

二〇〇五（平成一七）年施行の改正刑訴法は、被告人側の主張前倒し義務と引き換えにではあるが、証拠開示についてかなり思い切った改革をした。しかし、たとえば、検察官がどういう証拠を持っているかを弁護人が知るための「証拠リストの開示」制度は採用されなかった。類型的な証拠開示に関する規定についても、解釈の仕方によっては、制限的な運用が可能なような条文になっている。したがって、証拠開示問題が将来どのような形で落ち着くかは、今後の運用次第であるという面を否定できない。実務をよりよい形で定着させることができるかどうかは、今後刑事弁護に携わる弁護士の活躍いかんにかかっているといっても過言ではない。

4　自白の証拠能力・証拠価値に関する判断方法

自白の証拠能力や証拠価値に関する判断方法に問題があることは、著書の中で繰り返し指摘しているから(10)、ここでは深入りを避ける。先に述べたような取調べで得られた自白を証拠として使うことができると考えること自体が非常識であること、また、それを簡単に信用することがいかに恐ろしい結果に結び付くかについて、多くの言葉を使う必要はないであろう。

三　隘路の中の刑事弁護

このように、現在の刑事裁判は、多くの問題を抱えている。そして、弁護士は、自分の生活を事件処理の報酬で立てて行かなければならないので、このような刑事事件を受任することは大変な負担となる。私がかつて司法修習生として指導したK弁護士は、自分が受任した否認事件の処理の仕方について、次のように語ってくれた。「拘置所での被告人との接見は、日中は面接室の順番待ちで長時間待たされるし、午後五時以降は職員の勤務時間外ということでこれもできない。やむなく、朝一番を狙うことになる。接見の日は、府中の自宅を朝六時半には出て小菅の拘置所に向かい八時半の開門前から塀の外に並ぶ。そして、開門と同時に窓口にダッシュすることになるが、早い番号が取れた場合でも接見が開始されるのは九時過ぎになる。接見禁止決定がついている事案では家族との連絡事項などで貴重な時間を使わなければならないし、それがついていない事案でも家族の接見時間は一〇分程度しか認められないから、弁護人が家族の代わりをしなければならないことに変わりはない。そんなことをしているうちに、たちまち昼になってしまうので、事務所に帰ってくるのは午後二時を過ぎる。肝心の公判の準備はそれからになるし、結局、一般の民事事件の準備時間にしわ寄せが来てしまう。被告人は、きわめて不安定な心理状態にあるから、できるだけ毎日接見に行ってやりたいが、そういうことをしていると、ほかの仕事はほとんどできない。しかも、いくら公判で被告人の言い分をわかりやすく説明し立証しても、裁判所は、一向に理解してくれない。まったく手応えがない。これでは、一般の弁護士が刑事事件をやりたくなくなるのも仕方がないと思う」と。

K弁護士は、司法修習生時代、私の部で修習した結果、刑事裁判が好きになって任官を志した優秀な青年である。その後判事補一〇年の経験で刑事事件の実態をある程度理解していたはずであるが、それでも、自分で実際刑事弁護をしてみると、その困難さは想像を絶するものであったようである。私は、自分で刑事弁護をしたことがないので本当のところがわかっているとはいえないが、それでも、刑事事件の受任、それも難しい否認事件の受任が容易ならざる仕事であることは、およそ想像がつく。したがって、私も、K弁護士同様、刑事事件をやりたがらない弁護士を一方的に責める気持ちにはなれない。問題は、「弁護士の刑事事件離れはけしからん」と単純にいってすむことではない。

しかし、私は、刑事弁護というものが一部の弁護士の犠牲的精神によってようやく支えられているという現実は、やはり正常な姿ではないと思う。今後、改正刑訴法によって被疑者の国選弁護も始まるが、そうなると、この問題は、よりいっそう深刻になってくる。弁護士会の鼎の軽重が問われる時代になるのではないか。

四　弁護人として最低限心がけてほしいこと

これまで指摘してきた刑事裁判の問題点と裏腹の関係にあるが、弁護人として最低限心がけていただきたいことを、ここで標語的に指摘する。それは、①被疑者・被告人との緊密な意思疎通、②的確な弁護方針の確立、③積極的で有効な弁護活動の三点である。

1　被疑者・被告人との緊密な意思疎通

これは、被疑者・被告人の権利を擁護しようという弁護人が、第一にしなければならないことである。これができなければ、②的確な弁護方針も立てられないし、③現実の活動も空回りになってしまう。

しかし、口でいうのはたやすいが、被疑者・被告人との接見が厳しく制限されている現状で、被疑者らとの緊密な意思疎通を図ることは、それ自体容易なことではない。特に捜査段階では、弁護人の接見は捜査官の取調べを邪魔する形になるから、捜査官によって接見時間が指定されることになり、困難は倍加する。

ところで、接見については、かつて、「いわゆる一般的指定」(面会切符制)といわれる実務があった(11)。これは、検察官が監獄の長や弁護人に対し、一般的指定書を交付しておいて、その後は「検察官の具体的指定書を持参しない限り被疑者・被告人との接見を認めない」という運用をするものである。この制度はいかにも不合理であるが、検察官サイドからは、「これは検察官が独り言を言っているにすぎないので処分ではない。だから、一般的指定自体は準抗告の対象にならない」と主張されていた。そして、裁判所も長い間この主張を認めてきたのである。しかし、その後、このような形の運用でも、現実に弁護人の接見を制限する作用がある以上、準抗告の対象になるという下級審の裁判例が続出するに至り[12]、検察庁もこれを改めざるを得なくなった。しかしながら、弁護人と被疑者・被告人との接見を何とかして制限しようという動きは、現在でも捜査当局に現実に存在している。

いわゆる杉山事件判決[13]以後の最高裁判例の動きも、弁護人サイドからみれば、けっして十分なものではない。このように、弁護人の接見交通権は、判例により少しずつ拡大されてきてはいるが、まだはなはだ不十分である。そればかりでなく、弁護人側が少しでも隙をみせれば、捜査官側にたちまち巻き返されてしまう。捜査官側は、最高裁判例の間隙を縫って、虎視眈々、弁護人の接見交通権を空洞化させようと狙っているから[14]、まったく油断がならない。

今回の志布志事件では、捜査官が被疑者から弁護人の接見内容を聞き出して調書化したことが問題とされている。これは、弁護人に保障された秘密交通権の趣旨からして本来許されるはずのない行為であるが、これも、そのような大きな動きの中の一コマであると捉える必要があると思う。

ところで、弁護人が捜査当局と対立的な姿勢をとれば、警察や検察官から嫌われて、ことごとに嫌がらせを受ける。黙って捜査官と仲良くしていた方が、普通の事件では仕事がやりやすいことに間違いない。

しかし、このように、捜査官は、何とかして失地を回復しようと狙っているから、弁護人側が少しでも闘争の手を緩めれば、せっかく拡大してきた権利がたちまち蚕食され空洞化・形骸化させられてしまう。弁護人としては、接見に関する現在の判例の見解を所与のものとして受け入れるのではなく、何とかしてこれを拡大させ、一歩でも半歩でも前進させるため、懸命に努力していくべきであろう。

接見の問題と並んで、今後も本気で取り組んでいただきたいものに、取調べの可視化の問題がある。(15) 志布志事件の捜査の中で発生した「踏み字事件」は、取調べの可視化がいかに必要であるかを端的に示している。もっとも、「可視化が実現されれば取調べの問題が一挙に解決する」と考えるのは楽観的にすぎる。しかし、可視化が実現されれば、少なくとも今回のような極端に違法な取調べはさすがに姿を消すであろう。

2　適切な弁護方針の確立と積極的な活動

被疑者・被告人との意思疎通ができたら、弁護人が次にすべきことは、被疑者の意を体して、彼らにとって一番有利になると思われる適切な弁護方針を確立し、その方向で積極的な活動をすることである。

しかし、ここでも人質裁判による制約が大きくのしかかる。保釈されないということは、被告人にとって大変な不利益であるから、とりあえず被告人に事実を認めさせたうえで保釈を得ようとする弁護人の気持ちは、私にも理解できないではない。しかし、これはやはり一種の邪道であるといわざるを得ない。もちろん、事実を争うかどうかは、最終的には被告人の意思によって決定すべきことである。しかし、保釈がほしいばかりに、被告人に対しいいたいことをいわせないまま裁判を終わらせるという選択肢には大きな危険が伴う。弁護人がそのような選択肢を被告人に薦める場合は、その利害得失を十分慎重に検討すべきである。私は、弁護活動は、あくまで正々堂々と、主張すべきは被告人に主張させ、保釈の問題は、弁護人の努力により何とかして別途解決するほかないと考えている。そして、力量のある弁護人が、そういう方向で真剣に努力すれば、その主張は、いつかは裁判所でも認められると信じている。また、そのような方向に実務を持っていかなければ、いつまで経っても、日本の裁判は人質裁判から抜け出せないことになってしまう。

現実の問題として、裁判所に弁護人の主張を認めさせることは容易ではないだろう。しかし、弁護人の努力のいかんによっては、裁判所の厚い壁を破ることも不可能ではない。その一例を示そう。

五　弁護人の執念が実って控訴審で無罪判決が出された事例
――パキスタン人の公務執行妨害事件

私が浦和地裁で司法修習生として指導したもう一人の弁護士にN君がいる。N君も大変優秀で、本当は裁判官になってもらいたかったが、本人の強い意向で弁護士になった人である。

この事件（パキスタン人の公務執行妨害事件〔東京高判平成一六年一二月二日判時一九〇三号一五一頁〕）の経過は、おおむね次のとおりである。被告人は、日本人の妻もいて適法な在留資格のあるパキスタン人であるが、二〇〇三（平成一五）年四月六日午前零時半頃、杉並区の路上で突然警察官による職務質問を受けた。被告人は、自分が職務質問を受ける理由がないと感じ、「差別だ」などと抗議したが、そのやりとりの中で警察官に対し暴行を加えたという公務執行妨害の事実で逮捕・勾留され起訴されてしまった。被告人が加えたとされる暴行は、「両手で警察官の胸を二回突き飛ばし、体当たりをした」というものである。

この事件における被告人の主張は、次のとおりである。すなわち、自分は、友人Sにやや遅れて現場に到着したが、友人が警察官から不当な職務質問を受けているので抗議した。そして、警察官とやりあっているうちに、警察官から自分も職務質問を受け、そんな理由はないと抗議しているうちに、警察官から突き飛ばされて倒された。自分は警察官に暴行していない。むしろ自分の方が被害者である、というものである。

逮捕直後から、被告人はそのように主張したが、周囲にいたのは、この友人を除いては警察官ばかりである。特に、被害者と称する警察官Y（パトカーで被告人らの怪しい行動を目撃して職務質問を命じたという本人）は、被告人から胸を突き飛ばされたという供述を、一応詳細かつ具体的に供述していた。この供述は、Yが職務質問を命じたという警察官Kの捜査段階の供述と、職務質問の経過において一致していた。

ところが、このKの証言が弁護人の反対尋問によって崩れた。同人は、職務質問をする経過に関する自分の捜査段階での供述は間違いであったとして、被告人に有利な証言をしたのである。しかし、それにもかかわらず、第一審判決は、被告人の供述は信用できず、Y証言の信用性は高いとして、被告人を有罪としてしまった。しかしながら、控訴審では、この結論が逆転して、被告人に対し無罪判決が出されたのである。

この事件について、私は、初期の段階からN君の説明を受けていて、弁護人の活動と裁判所の審理に逐一注目していたが、N君の活動には文句なしに頭が下がった。弁護人は、捜査段階からせっせと被疑者と接見してアドバイスを与えていたが、起訴後は、公判での活動に加え、被告人の身柄の解放に全力を注いだ。被告人は、公訴事実を否認してはいるが、周囲にいたのは警察官ばかりで、被告人側の人間は、先に職務質問を受けた友人のSしかいない。そして、Sは、被告人の暴行をみていないという供述をしたが、それ以上被告人に有利な供述はしていない。こういう状況で被告人の無実を立証することは容易なことではない。

弁護人は、とりあえず、被告人との打合せをスムーズに行うためには、まず身柄拘束を解いてもらう必要があるということから、保釈の請求をした。公務執行妨害罪は重罪ではないから、罪証隠滅のおそれさえなければ、当然保釈が認められるはずである。そして、周囲にいたのは警察官ばかりであるから、被告人が罪証隠滅を図ることは事実上不可能と思われる。問題は、友人との通謀ということだけであるが、その友人も勾留後接見には一度も来ていない。そして、弁護人は、保釈請求の理由として、事案がいずれにしても軽微であること、被告人は正業に従事しており、日本人の妻と子どももいること、前科もないことなどに加え、被告人に対しては接見禁止決定も付されていないのに、起訴後四〇日を経過する現段階まで友人が接見に来たことはないなどを詳細に説明した。しかし、この保釈請求は、簡単に却下された。さらに、弁護人を本気で怒らせたのは、この段階で検察官が突然接見禁止の請求をして、裁判所がこれを認めてしまったことである。

この措置は、どう考えても常識的でない。弁護人は、直ちに保釈請求却下決定と接見禁止決定の双方に抗告を申し立てた。そして、保釈請求却下決定に対する抗告は棄却されたが、接見禁止決定に対する抗告は認容されたのである。(16)

そのうえで弁護人は、それこそ必死になって本案について立証を尽くし弁論をしたが、第一審ではそれでも被告人は有罪とされてしまった。

しかしながら、弁護人は、それでもあきらめなかった。控訴趣意書は第一審の弁論をしのぐ膨大なものであり、それに対し検察官が反論したため、これに対しさらに反論する。若干の事実取調べをした後ではさらに控訴審での弁論もするため、これもまた分厚い書面を提出した。このような懸命な説得活動が功を奏したのかと思われるが、控訴審では、まことに異例ながら、「破棄・無罪」の判決が出されたのである。それだけではない。弁護人の指摘を受けた裁判所は、このY証言中、職務質問を指示したきっかけなどは、「自分の記憶に反してした虚偽供述であると推認される」という異例の指摘をした。そして、そのうえで、被害状況を含むY供述の全体的信用性は低いとしたのである。

この判決当日、私の研究室にN君から電話がかかった。その第一声は、「無罪でしたぁ」という感極まるものであった。この声だけで、私は、弁護人の喜びがいかに大きなものであるかを知ることができた。これは、被告人の弁護に必死に取り組んだ弁護人だけに与えられる天からの贈り物ではないかとすら思う。

また、この事件は、弁護人が全力を挙げて努力すれば、隘路の中にある日本の刑事裁判においても、まだ努力が報われる可能性があることを示唆するものでもあろう。

六　下村忠利弁護士作成の「刑事弁護語録」について

本年（二〇〇五年）、大阪弁護士会の刑事こうせつ事務所初代所長に就任した下村忠利弁護士が、自ら作成した「刑事弁護語録」というパンフレットを私に送ってくれた（章末〈**参考資料**〉参照）。この中には、私の言葉が二つ含まれており、そのほかにも、弁護人に期待される活動が短い言葉の中で適切に示されている。下村弁護士の了解を得たうえで末尾にその全文を添付したが、ここでは、その中の一部について若干のコメントを加えておきたい。

1　㉒㉔㉕――被疑者・被告人との意思疎通の重要性について

㉒「誰がなんと言おうとあなたの味方です」、㉔「どんな荒唐無稽な言い分にも耳を傾けよ」、㉕「被疑者・被告人の立場に立って『善意の想像力』をたくましくせよ」、以上三つの言葉は関連している。
被疑者・被告人との意思疎通が重要であることは既に詳しく述べたが、ただ面接の回数を重ねるだけで被疑者・被告人と意思が通じ合うとは限らない。被疑者らは、捜査官にさんざん痛めつけられているから、大変疑り深くなっ

ていることが多い。また、警察は、ときに弁護人を誹謗して、「あんな奴らは、金儲けのためにやっているだけでお前のためにならないぞ。弁護士の言うとおりにやっていて刑務所行きになったらどうする。そうなっても、弁護士はけっして面倒を見てくれない。ここは、警察を信用して、俺たちの言うとおりに素直に自白した方がいい」などと繰り返しいうこともよくあるといわれている。弁護人がこういう被疑者に心を開かせるのは、なかなか難しいと思われる。

ところで、被疑者が勇気を出して弁護人に真実の弁解を述べたとしよう。もし弁護人がこれを「荒唐無稽な弁解だ」という受け取り方をしたとすれば（はっきりそういわなくてもそういう素振りを少しでもみせたら）、被疑者はもう絶対に心を開かなくなるであろう。したがって、弁護人は、㉒の言葉にあるように、「自分は誰が何と言おうと君の味方なのだ」ということを何とかして被疑者に理解させる必要がある。そして、それには、被疑者の言い分に謙虚に耳を傾けて受容的な態度で聞き取る必要がある。そして、一見成立しそうもないと思われる弁解であっても、本当に成立する余地がないのかどうか、真剣に検討すべきである。もちろん、弁護人が疑問とする点について、被疑者と意見交換をするなということではない。弁護人が納得できない弁解に裁判官が納得するはずがないから、そのことを被疑者によく説明したうえで、被疑者の意見を真剣に検討すべきである。そして、その弁解を法廷でするかどうかは、弁護人としての意見を十分説明したうえで、最終的には被疑者に決定させることになる。「事実は小説より奇なり」という言葉があるが、一見荒唐無稽に思われる被疑者の弁解が実は真実であったということもときにはある。

2　㉙㉚――弁護人の仕事の性質について

㉙と㉚は、私の言葉である。㉙の「弁護人の仕事には、被告人の人生そのものがかかっている」という言葉は、今述べたことと密接に関係している。私が審理した事件の中でも、被告人が法廷で事件について言い分を述べようとしているのに、弁護人がそれを押さえ込んで無理やり認めさせ、被告人に言い分を言わせないまま、単純な情状だけの弁護をしようとする人がきわめて少数というわけではなかった。また、被告人に言い分を述べさせはしても、「自分は被告人の言い分を信用していない」という態度を顕わにする弁護人もいた。

確かに、被告人が明らかに自分勝手な言い分を一方的に主張しようとする事件もないではない。そういう事件では、事前に、被告人とじっくり意見交換をして、被告人にその言い分はとおらないということを納得させておく必要があるかもしれない。しかし、それにもかかわらず被告人がどうしても言い分を述べたいといっているのに、弁護人がそれを無理に押さえてしまうのは、やはり問題である。私が実際扱った事件の中に、一見無理かとも思われる被告人の弁解を手がかりにして審理を遂げた結果、実際は被告人の言い分が真実に合致している可能性が高いとして無罪判決となったものもある。被告人の弁解を弁護人がどこまで理解してやるかは、その事件の帰趨を決するとさえいえる。私が、「弁護人の仕事には、被告人の人生そのものがかかっている」というのは、「だから、弁護人は、いい加減な気持ちで事件をやってほしくない。口先だけの弁論はもう結構だ。被告人と一緒になって必死に事件に取り組み、もし駄目だったら一緒に刑務所に入るくらいの気持ちで真剣に弁護してほしい」というメッセージを込めた言葉であった。

㉙は、私が著書の中に書いた言葉であるから忘れるはずもないが、㉚の方は、実は、下村弁護士にいわれるまで忘れていた言葉である。しかし、下村弁護士に「こう言われた」と指摘されて記憶が戻った。そこで、この言葉が

どういう経過で私の口から出たのかを次に説明するが、そのためには、まず事件の経過を明らかにしなければならない。

七 「N事件」から学ぶべきこと——弁護人の責務

この事件の判決（大阪高判昭和六二年一〇月二一日判タ六七五号二四六頁）は、「不作為による殺人幇助が認められた事例」として、刑法の教科書などにも紹介されている。

被告人は、山口組系のN組を率いる組長である。大変な乱暴者で殺人の前科もあるし、本件の五ヶ月前に前刑の強姦致傷罪の服役を終えて出所してきたばかりであった。他方、この事件には共犯者がいる。この共犯者A_1・A_2兄弟もかなりの剛の者で、倒産した会社の債権者から債権をただ同然で譲り受けては、悪辣な手段でこれを回収し大きな利益を上げていた。ところで、A兄弟は、破産した会社の代表者甲が破産管財人事務所（これは、大阪市内の裁判所近くにある）に現われるのを知り、同人からその隠し財産のありかを聞き出して債権を回収しようとした。そして、その計画に一枚噛んだのが被告人とその配下組員であった。被告人らは、破産管財人の事務所のあるビル内で甲の帰りを待ち受け、気配で危険を察知し同ビルの大便所内に隠れていた甲を発見し捕捉してしまう。被告人らは、同人に暴行・脅迫を加えて自動車内に監禁し、第2現場、第3現場、さらに第4現場などあちこちを連れ回し、各地で繰り返し暴行・脅迫を加えては隠し財産のありかを聞き出そうとしたが、結局成功しなかった。そのため、被告人らは、途中、配下組員らを先に帰し、最後の第5現場では被告人とA_1の二人だけになる。この第5現場は、最初の第1現場からはるかに離れた兵庫県の山の中であるが、甲はここで殺害され、その死体は、頭骸骨を割られて穴に埋められてしまった。以上の事実は、客観的に明らかで、被告人もその限りでは争っていない。

ところで、本件の捜査は、先に捕まったA_1・A_2兄弟の供述に依拠して行われた。そしてA_1は、捜査官に対し、第1現場で甲を逮捕監禁したことはもとより、最後に第5現場で同人を殺害して地面に埋めたことなどを詳細に自白した。そして、A_1の自白は、詳細かつ具体的で、大変な迫真力がある。しかも、自白に従って山の中を掘り返したところ、地面の中から甲の死体も発見された。典型的な「秘密の暴露」である。したがって、A_1の自白の信用性はきわめて高いとみられた。そこで、検察官は、A_1らの供述に従って、逮捕・監禁・殺人・死体遺棄などで同人らを起訴し、A_1は公訴事実をほぼ認めて既に懲役一五年の判決を受け服役していた（なお、A_2は審理途中で白血病のため死亡している）。

A兄弟の供述に基づいて捜査当局が描いた事件の構図は、次のようなものである。すなわち、「甲殺害について主導的な役割を果たしたのは被告人であり、A兄弟は、従的な役割しか果たしていない。最後の甲殺害の場面も、A_1は、殺すと言い張る被告人に協力して、甲の首に巻いた紐を二人で左右に引っ張った」というものであった。

これに対し、A兄弟より遅れて逮捕された被告人は、A_1とは反対に、「甲殺害を主導したのはA_1で、自分はA_1による甲殺害を阻止するために第5現場までついて行っただけである。最後の甲殺害も自分が知らない間にA_1一人が単独で実行したものである」という弁解をした。しかし、この弁解は、捜査段階ではもちろん公判段階でも容れてもらえなかった。第一審判決は、A_1証言は詳細かつ具体的で迫真力もあるのに対し被告人の弁解は不自然・不合理であるとして排斥し、被告人を、A_1より重い懲役二〇年に処していた。

確かに、被告人の供述には弱いところがある。たとえば、被告人は、今述べたように、「A_1に甲を殺させないために第5現場までついて行っただけで、殺害行為には一切関係していない」というが、それでは、殺害の瞬間何をしていたのかと問われると、次のような返答をするにとどまるのである。すなわち、「A_1から『車からつるはしを持ってきてくれ。』と頼まれたので、約二〇メートル離れた自動車のところまでつるはしを取りに行っていた。そして、その場所で、タバコを吹かしたり小便をしたりして一〇分くらい時間をつぶして現場に戻ったら、A_1が甲を殺害してしまっていた。しかし、殺してしまったのでは仕方がないから、後は一緒に死体を損壊して穴に埋めたと。」

しかしこれは、常識的に考えて容易に信用しにくい弁解である。なぜなら、被告人は、「A_1が甲に対する殺意を顕わにしていたので、殺させないためについて行った」というのであるから、A_1に自動車までつるはしを取りに行ってくれと頼まれて簡単にその場を離れるという行動は、弁解と矛盾している。そんなことをしては、せっかく第5現場までついて行ったことが無駄になってしまうかもしれないことは、容易に理解できるはずだからである。それだけではない。用事もないのに一〇分も時間をつぶして帰ってきたという点は、ますます不審である。さらに、現場に帰ってみたらA_1が甲を殺してしまっていたというのであるから、被告人としてはA_1に対し「なんということをしたのだ」といって詰問・追及するのが当然と思われるが、そのような形跡もない。かえって、直後に、A_1と一緒になって、甲の頭骸骨をつるはしで殴打し、穴を掘って死体を遺棄する作業をしているのである。したがって、第一審判決が、被告人の弁解を排斥したのには、ある程度合理性があった。

しかしながら、弁護人（下村弁護士）は、A_1証言には疑問があるとして詳細な控訴趣意書を提出している。それには、A_1らの証言が、捜査段階と公判段階とで大きく食い違ってきているという事情も指摘されており、それだけをみると、A_1らの供述にも疑問の余地がないとはいえない。しかし、舞台は既に控訴審である。確かにA_1証言に多少疑問の点はあるが、それにしても肝心の被告人供述にこのような重大な疑問がある以上、第一審判決をそう簡単に破棄するわけにはいかない。私は、記録と控訴趣意を読んだ段階では、多少問題はあるものの、原判決維持はやむを得ないだろうという心証を抱いていた。

このような話が先ほどの話の筋と関係があるのか疑問に思われるかもしれないが、実はここからが、本題に関係する。

主任裁判官である私に面会を求めてきた下村弁護士は、次のようにいわれた。すなわち、「この事件では、第一審で検証や鑑定など、当然しておかなければならない証拠調べをしていない。だから、控訴審で、ぜひともこのような証拠調べをしてほしい」と。

そこで、私は、証拠調べは第一審で尽くしておくのが訴訟法の建前であって、第一審で証拠調べ請求をしなかったからといって、控訴審でするのは筋が違うと反論した。実際問題としても、第一審で本格的な証拠調べをしなかった事件について控訴審で証拠調べをしなければならないとしたら、控訴審はとうていやっていかれない。控訴審は、地裁・簡裁と比べて部の数が少ないし、そういう証拠調べをするような人員の配置になっていないのである。

これに対する下村弁護士の言葉は、次のとおりであった。すなわち、「実は、第一審の裁判長から、『来年四月には、主任の左陪席裁判官が地方へ転勤になる。それまでにぜひこの事件の判決をしたい。裁判所の構成が変わると、また審理が遅れてしまうから』といわれたので、裁判長を信頼して審理促進に協力したのです」と。

語録㉚に収録されている私の言葉が出たのは、この段階だったようである。正確な言葉は忘れているが、確かに「裁判所から、審理促進に協力してくれといわれるままに弁護人が協力していて、弁護人としての職責を果たしたことになりますか」という趣旨のことを述べた記憶がある。これが、下村弁護士には大変なショックだったようである。

もっとも、下村弁護士の立場にも同情の余地はある。確かに、裁判官が代わってしまうと、新しい裁判官は、記録だけから心証をとることになる。記録には、証言も速記録で記載されているが、細かいニュアンスなどは速記録ではわからないし、何といっても、まだみたこともない裁判官に被告人の運命を託すのは、弁護人としても一つの賭けには違いない。また、この第一審の裁判長は、理論家として令名高く当時の大阪地裁では良識派の筆頭とみられていた方であった。そのこともあって、弁護人も、「弁護人にこういう協力要請をする以上、裁判所も被告人に対しあまり不利益な認定はしないのではないか」と考えてしまったようである。しかし、この判断はやはり甘かった。

㉙の私の言葉にあるように、弁護人の仕事には被告人の人生そのものがかかっている。弁護人が検証や鑑定などをして被告人に有利な客観的証拠を収集する余地があると考えていたのであれば、やはり第一審で十分審理を尽くしておくべきであった。いくら裁判所を信頼したといっても、そのような訴訟外のやりとりは記録に残らないし、結局は水掛け論になってしまう。

私の㉚の言葉は、以上のような経過を前提として理解していただきたい。弁護人としては、いくら裁判所から審理促進の協力要請を受けたとしても、本当に必要であると考えている審理を省略するような形で審理促進に協力するのはやはり筋が違うといわざるを得ない。

この事件の結末について述べる。私は、このように弁護人を叱りつけたが、問題は、被告人の供述と共犯者の供述、この二つのいずれが信用できるかという点にある。そこで、この点に注意しながらもう一度記録を検討し直してみた。すると、確かに、A_1の証言にもおかしな点がたくさんあることが判明した。共犯者の供述には、いわゆる巻き込みや責任転嫁の危険があるといわれているが、本件は、まさにそのような危険を真剣に心配しなければならない事案である。そして、A_1の証言と被告人の供述の信用性は、単に供述同士を平面的に比較している限り、簡単には判断できないと思われた。

そこで、合議の結果、弁護人の請求に基づいてもう少し審理してみることになった。そして、その場合に重要となるのは、各供述と客観的証拠との対比である。確かに、捜査段階の鑑定書では、死体の頭骸骨骨折の状況は、A_1の証言とも被告人の供述とも矛盾しないとされていた。しかし、弁護人は、その点を疑問としており、控訴審において、第5現場直前での甲殴打の状況に関する被告人の供述とA_1の証言のいずれの方が頭蓋骨等の骨折状況とよりよく符合するかという観点から、もう一度鑑定をやり直してほしいと主張していた。そこで、まず弁護人の申請を入れて鑑定を実施してみると、結果は、見事なまでに被告人の主張を支持するものとなった。甲の骨折は、被告人の供述するような状況で甲を殴打すれば生ずる可能性が十分あるが、A_1の証言するような状況ないしこれに近い状況で殴打したのでは生ずる可能性がほとんどなく、骨折の一部については、A_1証言のような状況ではその可能性がまったくない、というのである。

困った検察官は、再鑑定を申し立てた。このような審理経過では、検察官のこの再鑑定申請は断れない。やむなくもう一度鑑定した。その結果は、控訴審での最初の鑑定から若干後退はしたが、まだ基本的にこの鑑定に沿うものであった。そして、三つの鑑定の手法を比較対照してみると、中では弁護人申請でした鑑定の信頼性が一番高そうに思われた。その結果、犯行の態様については、基本的に被告人の供述に基づいて事実を認定せざるを得なくなった。

しかし、最初に述べた被告人の供述に関する基本的な疑問点は、最後まで解消しない。すなわち、被告人が本当にA_1の甲殺害を阻止しようとして第5現場までついて行ったのなら、なぜ簡単に席を外して一〇分も時間をつぶしたのかという点である。そのような行動は、被告人にも、甲殺害を期待する意思があったことを前提としなければ理解できないものではないか。私たちは、この疑問をどうしても乗り越えることができなかった。その結果、私たちのした事実認定は、次のようなものになった。すなわち、「被告人は、A_1が甲を殺そうとしているのを十分知りながら、また、自分が席を外せばA_1が甲を殺害してしまうことを十分知りながら、それを期待してA_1の求めに応じて車までつるはしを取りに行き、わざわざ一〇分も時間をつぶして帰ってきたものである」と。

この事実認定を前提とする限り、殺人の実行共同正犯の成立を認めた一審判決の事実認定は維持できない。検察官も、本位的訴因の維持は無理と考えたのであろう。予備的に、「不作為による殺人」の訴因を追加してきた。その結果、私たちは、原判決を破棄したうえ、この予備的訴因をさらに縮小認定して、「不作為による殺人幇助」の事実を認定したのである。しかし、犯行はいかにも悪辣で、幇助といっても正犯と紙一重であるという評価の下に、量刑は、「懲役一二年」というかなり重いものになった。この判決に対しては被告人が上告したが、簡単に棄却された。

ところで、この事件は、いろいろな意味で私たちに反省を迫る。まず裁判所としては、大きな事件については実質審理に関与した主任裁判官が転勤しないうちに判決をしたいという気持ちになるのは当然であるが、そのために尽くすべき審理を省略してしまうのは本末転倒であること、他方、裁判所から、そのような事情の説明の下に審理促進の協力を依頼されても、弁護人が安易にこれに応ずると後で臍を噛む結果になることがあり得ること、さらに、一見すると荒唐無稽と思われる被告人の弁解でも、よくよく証拠調べを尽くしてみるとこれが真実に近いということがあり得るので、そういう弁解を簡単に退けてしまうことは、本当に恐ろしいことであること、先入観ほど恐ろしいものはないということ、私たちは、もっと事実や証拠に対して謙虚になる必要があること、……等々である。

私は、こういう事件の経験を積み重ねることによって、実務家は一歩一歩成長していくのだと考える。この事件では、下村弁護人の主張に従い遅まきながら控訴審で審理を遂げた結果、被告人の言い分にかなりの程度理由があるということが判明したが、もし控訴審でそういう証拠調べをしなかったならば、被告人の弁解は一蹴され、懲役二〇年の原判決がそのまま確定していたはずである。

そこで、最初の話に戻る。この元被告人は、その後服役を終えて完全に更生し、現在では健全な社会の一員として工務店を経営しているということである。下村弁護士の言葉によると、これは、弁護人の活動と裁判所の姿勢に被告人が感じてくれた結果だとの由である。しかし、どうであろう。もし弁護人自身が被告人の弁解を真面目に取り上げなかったり、そうでなくても裁判所が弁護人のいうことに耳を傾けることなく簡単に控訴を棄却したりしていたら、あるいは被告人が真人間に更生するということの劇的な結果も生じなかったのではなかろうか。

この事件の話を終わるに当たって、先ほどの語録㉘の団藤重光先生の言葉に戻ってみたい。団藤先生は、次のようにいわれている。「弁護人は、被告人の正当な利益を保護することによって刑事司法に協力する任務をもつものであって、この意味で公的ないし公益的地位を有するものである。むろん、ここに協力というのは妥協的なそれではなくいわば闘争的なそれであり、被告人の正当な利益を主張してゆずらぬことによって正しい裁判に協力するものである」(17)と。抽象的にただこういわれただけではもう一つピンと来ない言葉であるが、このN事件の経過を踏まえてもう一度読み直してみると、本当の意味がよく理解できるのではなかろうか。

八　おわりに――刑事弁護のやり甲斐と求められる弁護人の資質

弁護士に与えられた仕事は、大変な仕事である。その中でも刑事弁護は、一般に「労多くして報われることの少ない」ものであるといわれている。私も、一般的にはまさにそのとおりだろうと思う。

しかし、やり甲斐という点にかけては、弁護士としての他のどんな分野の仕事にも負けないはずである。先ほどから紹介してきたN事件は、そのほんの一例にすぎない。

たとえば、こんな経験もある。私は、裁判官在職中、かなり多くの無罪判決をしてきた。そして、苦心の末書き上げた判決を言い渡す瞬間は、確かに自分でも満足している。まして、それが検察官の控訴もなく確定したときには、刑事裁判官としてこれ以上の喜びはないと感じていた。しかし、裁判官は、しょせん寂しいものである。法廷で無罪判決を聞いて喜ぶ被告人とその家族が最初に感謝するのは、弁護人に対してである。被告人は、無罪判決を聞いた瞬間こそ、「ありがとうございました」といって頭を下げてくれるが、心の中で一番感謝しているのは弁護人に対してなのである。せっかく苦労して書き上げた無罪判決を言い渡しても、翌日の新聞で読む被告人の談話は、たいてい、「いい弁護士さんにめぐり会えて運がよかった」という類のものである。「いい裁判官に出会えてよかった」といって感謝のコメントを出してくれた被告人は多くない。私は、当時「これだけ苦労して無罪判決を書いているのに」と、何とも釈然としない感じを持ったものであるが、今考えてみればそれは当然であると思う。被告人と一心同体となって活動してきた弁護人と違い、裁判官は、しょせん第三者である。自分も弁護人と同じような立場で被告人の無罪を一緒に喜ぶことはできない。その分被告人の感謝が少なくても仕方がないと思う。

また、私は、刑事裁判の仕事をしていく中で、弁護人の仕事の重要性をつくづく痛感した。いくら裁判所が何とかしたいと頑張ってみても、弁護人がしっかりしていなければ、事件というものはどうにもならない。私が多くの無罪判決を書いてそれを確定させることができたのは、当該事件の弁護人が、それぞれ懸命に、そして適切に責務を果たしてくれたからだと感謝している。

最後に、刑事弁護の仕事を適切に遂行していくうえで一番大切な資質は何であろうか、という問題で締めくくりたい。

それは、法律に関する知識であろうか。刑事弁護に関するノウハウであろうか。それとも刑事弁護に関する経験であろうか。もちろん、それらが大切であることは当然である。本稿の大部分は、そういうノウハウの蓄積がいかに大切であるかを示している。しかし、私は、あえて「そうではない」といいたい。適切な刑事弁護をしていくうえで一番大切なものは、別のところにあると考えている。

私は、刑事弁護にとって一番大切なものは、何といっても、被疑者・被告人に対し愛情を感じられる資質、いいかえれば、被疑者・被告人の痛みを自分の痛みとして感じられる資質、さらに換言すれば、被疑者・被告人の救済に対し熱い情熱を感じられる資質だと思う。そして、そのうえでこの情熱を実行に移すことのできる気合いと実行力だと思う(18)。

いうまでもないが、被疑者・被告人は、苦境に立たされほかに頼るべき者のない心細い立場にある。その被疑者らにとって、弁護人は、唯一の味方である。それも法律のプロとして、捜査・訴追機関と対等に渡り合える唯一の存在である。そういう弁護人が、被疑者らに対し、通り一遍の事務的な態度で接したのでは、被疑者らは、たちまち落胆してしまう。弁護人は、あくまで、被疑者らの唯一の味方、それもプロとしての味方として、頼もしく思われる存在でなければならない。

被疑者らの信頼を勝ち得ることができるのは、被疑者らに対し限りない愛情をもって接し、また心からの情熱をもって弁護をしてくれる弁護人だと思う。そういう気持ちは、おのずから態度に現われるので、被疑者らも自然に信頼するようになる。季刑四一号に、二〇〇四年度の最優秀新人賞を獲得した女性弁護士の手記(19)が掲載されているが、これを読むと、被疑者は、弁護人が新米でまだ力量的には不足しているという事実を理解しながらも、弁護人の真摯な姿勢から絶大な信頼を寄せるようになった様子がよく理解できる。

要するに、そのような気持ちで接して全力投球していれば、「意おのずから通ず」という面があり、法律的なノウハウの点で多少頼りない場合でも何とかなることが多いと思う。もちろん、これは、刑事弁護のスキルを磨かなくてよいということではない。そういう方面の研鑽はもちろん必要であるが、そういう研鑽をしてさえいればそれでよいということにはならないということを強調したいのである。

最後に、刑事弁護に一番必要なものは、愛情、熱意、そして行動力と気合いであるということをもう一度確認して、本稿を閉じることとしたい。

1　以下、前者を「前著」、後者を「新著」として引用する。
2　その詳細につき、拙稿「鹿児島選挙違反事件にみる密室取調べの弊害」法セミ六〇三号七六頁（本書一三〇頁以下）のほか、毛利甚八「鹿児島選挙違反事件　その1～3」季刊四三号四頁、四四号～四五号各三頁参照。以下「志布志事件」という。
3　小田健司「接見禁止の裁判に条件・期限を付し得るか」新関＝佐々木編『増補令状基本問題下』（判例時報社、一九九七年）一四四頁参照。
4　午前八時、九時頃から午後一〇時、一一時まで、ときには午前零時をまわることもある。

5 いわゆる高隈事件。最判昭和五七年一月二八日刑集三六巻一号六七頁、新著一〇〇頁参照。
6 最決昭和五九年二月二九日刑集三八巻三号四七九頁。
7 千葉地判平成一一年九月九日判時一七一三号一四三頁。
8 東京高判平成一四年九月四日判時一八〇八号一四四頁。
9 最決昭和四四年四月二五日刑集二三巻四号二四八頁。
10 前著五五頁以下、一三八頁以下、一八四頁以下、新著七一頁以下、一〇二頁以下。
11 神垣英郎「いわゆる一般的指定ないしこれに準ずる措置は適法か」新関＝佐々木・前掲注**3**一七一頁以下参照。
12 神垣・前掲注**11**一七六頁参照。
13 最判昭和五三年七月一〇日民集三二巻五号八二〇頁。
14 つい最近も、接見室がないという理由で検察庁における接見を拒否したことの当否が争われた事案がある。最判平成一七年四月一九日判時一八九六号九二頁、季刊四三号六六頁参照。
15 可視化の問題については、日弁連の一連の報告書（特に最新のものとして日本弁護士連合会取調べの可視化実現委員会編ブックレット『可視化でなくそう！違法な取調べ』（現代人文社、二〇〇五年））、及び吉丸眞「録音・録画記録制度について（上）」判時一九一三号一六頁、「同（下）」同一九一四号一九頁を各参照。
16 東京高決平成一五年六月一八日判時一八四〇号一五〇頁。
17 団藤重光『新刑事訴訟法綱要〔第七版〕』（創文社、一九六七年）一一五頁。
18 その意味では、最近でも、本文に述べたのとは反対方向の弁護活動を行って懲戒に付される弁護士がかなりの数に上ることは、憂慮すべき事態である。ちなみに、自由と正義二〇〇五年八月号一三四頁以下に掲載されている懲戒公告は、①国選弁護人が、被告人からのたび重なる要望にもかかわらず二ヶ月間も接見に赴かなかっただけでなく、手紙による質問及び要望に対し一切返信その他の連絡をしなかった事例、及び②上告事件の弁護人に選任された弁護士が、被告人から上告についての質問及び助言を求める手紙を受領したのに、一度も接見して意向を聞く機会を持たないまま、量刑不当のみを内容とする上告趣意書を提出した事例に関するものである。
19 葦名ゆき「熱意で守った教師への道」季刊四一号九二頁。

〈参考資料〉「刑事弁護語録」【下村忠利】

①迷ったときは「王道」を歩め。
――下村幸雄先生に教わった言葉で、弁護方針に迷いが生じたときは、常に法の原則に基づいた方針でいけということです。

②刑事弁護人は「一喜一憂」するな。
――倉田哲治先生に言われました。弁護人が被告人と一緒になって喜び悲しむのは当然であるが、相手方や第三者にその心境を覚られぬよう常に冷静を保っていなければ、次の手を打つのを忘れたり、落とし穴にはまるという意味だと理解しています。

③本当に彼が無実であれば、無罪の証拠は必ずあるはずだ。それを見つけるのが弁護人の仕事だ。
――弁護人としての努力を倉田先生からこのように教えられました。

④刑事弁護は、はしゃいでやるな。
――私が若いころ、ある事件を担当することになって、はりきっていたら、このように丹治初彦先生に厳しく叱られたことを覚えています。

⑤最後の一日まで努力するのが、「最善努力義務」（弁護士職務基本規定）だ。
――後藤貞人さんの言葉。ちなみに、後藤さんは期限直前まで控訴趣意書を推敲するそうです。

⑥刑事弁護は常に「ネバーギブアップ」の精神でいこう。
――山之内事件（後に無罪確定）で、次々と準抗告などしても全て敗退していたとき、弁護団会議で後藤貞人さんがいつも叫んでいました。

⑦勾留質問への立会は、金鵄勲章に値する。
――私が勾留質問への弁護人の立会を実現したとき、恩師の平場安治先生が、このようにほめてくれました。

⑧自白は証拠の女王である。いまだに起訴状が王の座を譲らないからだ。
――後藤昌次郎先生。

⑨私選も国選のつもりでやれ。
――私の研修所刑事弁護教官が言った言葉です。わかったようでわかりませんが、弁護には私選・国選の区別はありえないというような意味に理解しています。

⑩事実の前に謙虚であれ。

――私の畏友高木甫弁護士の口癖です。高木弁護士には、このほか「国選弁護人に対して、保釈・保釈というな」という迷言もあります。

⑪「ややこしい」被告人のためにこそ、刑事弁護はある。

⑫「嫌な奴」の人権を守ろうとしないものに、人権を語る資格はない。

⑬どんな事件でも、堂々としておれ。しかし、決していばるな。

――社会的にいかに強い非難を浴びている事件においても、弁護士はいつも顔をあげているべきでしょう。

⑭神（真実）は「細部」に宿る。

⑮刑事弁護人は豹変する。

――捜査や公判の経過の中で、弁護人は被告人のためなら、いつでも自説や態度を変えてよいということ。

⑯刑事弁護は、一に接見、二に接見、三、四がなくて五に接見。

⑰接見は「二四時間」と「二〇分」の闘いだ。

⑱捜査段階でフルコースをいとうな。

⑲弁護人同士で互いに「先生、先生」と呼び合うな。

⑳刑事弁護人には、いつでも席を立って接見に赴く「尻軽さ」が必要だ。

㉑悪い奴かどうかわからんから、裁判してるんやないか！

――髙見秀一弁護士の息子。教師から何故、あんな「悪い奴」の弁護を君のお父さんはしているのかと聞かれて。

㉒誰がなんと言おうとあなたの味方です。

――ハイヤード・ガン説に立った刑事こうせつのスローガンです。

㉓常に初心を忘れるな。

――同じ事件はひとつとしてないのです。被告人は一人一人違います。

㉔どんな荒唐無稽な言い分にも耳を傾けよ。

――受容的聴取・共感的理解というカウンセリングの技術を学びましょう。

㉕被疑者・被告人の立場に立って「善意の想像力」をたくましくせよ。
——ワルカン（悪方向へのカンぐり）はするな。
㉖奴が本当にやっているなら有罪になったとしても本人の責任だ。しかし、本当にやっていない可能性があるのに有罪になったとしたら、それは他ならぬ弁護人の責任じゃないか。
——米TVドラマ「七人の弁護士」より。
㉗オレ（被告人）にとって有利な証拠があるのを知りながら、それを利用しなかったとしたら、それは、警察・検察や裁判所の責任ではない。お前（弁護人）の責任だ。
——映画「ケープ・ファイアー」より。
㉘弁護人は被告人の正当な利益を保護することによって刑事司法に協力する任務をもつものであって、この意味で公的ないし公益的地位を有するものである。むろん、ここに協力というのは妥協的なそれではなくいわば闘争的なそれであり、被告人の正当な利益を主張してゆずらぬことによって正しい裁判に協力するのである。
——団藤重光元最高裁判事『新刑事訴訟法綱要』。
㉙弁護人の仕事には、被告人の人生そのものがかかっている。
——木谷明『刑事裁判の心』より。
㉚裁判所から、審理促進に協力してくださいといわれるままに弁護人が協力していて、弁護人の職責を果たしたことになりますか。
——木谷明先生。

〈補注〉

1　N事件のN元被告人の更生は、どうやら本物のようである。先年、「大阪のNです」というN氏本人からの電話を自宅で受けたことがある。電話によれば、N氏は私にお礼を言いたくて、下村弁護士から番号を教えてもらった由であった。その際N氏は、「木谷先生たちが高裁で真剣に審理してくれたので、自分も立ち直ることができました。今は真面目にやっています」と、しみじみ述懐していた。

2 下村弁護士の「刑事弁護語録」については、つい最近、改訂版が出されている。私は、本書刊行直前にそのことを知ったが、刊行時期との関係で差し替えが間に合わず、旧版のまま収録させていただいた。

第Ⅲ部　裁判官のあり方

第八章　証人尋問と裁判官の役割
——聞き手としての裁判官と供述の引き出し役としての裁判官

一　はじめに——証人尋問における裁判官の二つの役割

現行の刑訴法の基本とする当事者主義訴訟構造の下では、証人尋問は、原則として当事者が行うべきものであり、裁判官に期待される役割は、基本的に「聞き手・聞き役」です。したがって、証人尋問において刑事裁判官の一番大切な役割は、「虚心に証言を聞くこと」です。もちろん、聞くだけでは何にもならないので、聞いた結果、「適切な心証を形成すること」が最終目的ですが、それにはまず上手に話を聞くこと、つまり「聞き上手」であることが必要です。これは刑事裁判官に課せられた最小限度の義務であり、「聞き手としての役割」ということとします。

しかし、裁判官には、それ以外にも証人尋問に関係して重要な役割があります。それは、その証人や被告人から、「適切に交通整理をしながら、本当に言いたいことを上手に引き出してあげる」という役割です。細かなことは後刻いうことにしますが、これは裁判官にとって、第一の役割に負けないくらい重要な役割です。これを「供述を引き出す役割」といいます。

そこで、これから、裁判官がこれらの役割を果たすうえでどういうことに注意していくべきかという点についてお話することにします。

二　「聞き手」としての裁判官の役割

1　「聞き手としての役割」について

聞き手としての役割を適切に果たすために裁判官に期待される一番大切なことは何でしょうか。それは、当然のことですが、「虚心に証言を聞いてそれによって適切な心証を形成すること」です（眠ってしまうのは論外）。

こういうと簡単なことと思われるかもしれませんが、ことはそれほど簡単ではありません。まず、証言を何らの先入観にとらわれることなしに聞くということ自体が難しい。現行刑訴法は、予断排除ということにかなりの神経を使っていますが、訴訟法に抵触しない場合でも、裁判官が事件について予断を持つ機会はいくらでもあります（なお、最近、裁判員制度の施行を前提として、公判前整理手続が導入され、かつての予断排除法則が大きく変貌してきていますが、それにしても、裁判官が必要以上の予断にとらわれて法廷に臨むことが適切でないことに変わりはありません）。一般に、プロの裁判官であれば予断の問題に余り神経を使わなくても大丈夫だというようなこともいわれていますが、けっしてそのようなことはないのです。プロであれアマチュアであれ、法廷外の雑音に影響されることは十分あり得ます。ただ、プロの場合は、そういう雑音から直接心証を形成してはいけないということを意識しているので、アマチュアより比較的弊害が少ないというにとどまります。しかし、私は、実際にはプロでありながらそういう点に対する自省心が十分でなく、一般人と同様に事前のマスコミ報道などに強く汚染されている裁判官がいることを知っています。大きな声ではいえませんが、それは、けっしてきわめて少数であるとはいえないのです。そういうわけで、裁判官が第一の役割を適切に果たすには、まず事前の情報による汚染を最小限度にとどめるよう自省・自戒することが必要です。

2　裁判官の判断の究極のよりどころは何か

ところで、裁判官は、法廷外の雑音に惑わされないように自戒しながら証言の信用性　証拠価値を正確かつ適切に判断しようと努めるにしても、それでは、その判断は何を根拠に行うのでしょうか。判断の直接の材料は、もちろん、当該証人の法廷での供述内容自体です。そして、証言内容が明らかに前後矛盾し支離滅裂であったり合理性がなかったりする場合には、証言内容自体からこれが信用できないと判断できることもあります。しかし、多くの場合、その判断は、証言内容だけからでは難しい。そこで、裁判官は、証人の証言態度を参酌したり、証言内容を物的証拠や他の証人の供述と比較対照したり、当該証人の捜査段階における供述と対比したりして判断することになります。しかしながら、このような方法による信用性判断によってすべてのことが解決するかといえば、けっしてそうではありません。証拠の分析・総合という作業によって、心証が確実になる場合ももちろんありますが、そういう作業によってもはっきりせず最後まで迷いに迷うという場合はけっして少なくないのです。

3　合理的疑いを超えた立証との関係――センス・常識の重要性

しかし、そういうと、皆さんは、刑事においては、「合理的な疑いを超える立証が必要である」とされており、証明がそれに達しない場合は、「疑わしきは被告人の利益に」という刑事裁判の鉄則に基づいて判断されるから、どちらかはっきりしない場合には被告人に利益に判断すればよいではないか、それは簡単なことではないか、というでしょう。確かに、基本的にはそのとおりです。しかし、「合理的疑い」という概念は、もともとそれほど明確な概念ではありません。[1] だから、裁判官は、現在自分が抱いている疑問が果たして「合理的疑い」の域に達しているのかどうかという問題で常に心を悩ませることになります。そして、裁判官が最終的なよりどころとせざるを得ないのは、結局は、自分の持ち合わせている常識とか社会通念、センスなのです。

センスや常識の重要性というと、何だそんなことかと馬鹿にされるかもしれませんが、私は、裁判官に最も必要な資質は、正しいセンスであり健全な常識であるといっても過言ではないと思っています。いろいろ証拠を調べてみても、最終的には個々の裁判官のセンスがものをいう場合がかなり多いのです。

4　自白の任意性・信用性をめぐる判断

一例を挙げてみましょう。たとえば、自白の任意性をめぐって捜査官と被告人の供述が対立することはよくあります。そして、そういう場合、裁判官が捜査機関に対して過度の信頼・親近感を抱いていたらどうなるでしょうか。裁判官は、被告人のいうような違法行為を捜査官がするはずがないと被告人の弁解を簡単に切り捨ててしまうでしょう。それどころか、捜査機関は悪を懲らしめる正義の味方だから、多少の行き過ぎをいちいち問題にすること自体問題だという議論を大真面目でする人も出てくる余地があります。これに対し、裁判官が、「捜査官も人間であることに変わりはない」という正しい認識に立っていれば、「捜査官といえども時と場合によっては違法行為に出ることがあり得る」と考え、被告人の訴える違法行為とそれを否定する捜査官の証言を慎重に検討することになると思います。私は、「捜査官はいつでも違法行為をしていると考えよ」といっているのではありません。むしろ、多くの捜査官は、日ごろ真面目に仕事をしていると思います。しかし、そうでない捜査官も現実には存在します。

また、日ごろは真面目な捜査官であっても、人間である以上、「重大事件の捜査が難航し、世論が事件の早急な解決を求めているような場合」には、「何とかして捜査を早期に解決してみせよう」とはやり立つことが十分考えられるのです。そういう場合、えてして過酷な取調べによって任意性のない自白を得ようとしたり、物的証拠に手を加えたり、捜査書類に虚偽の記載をしたりすることがあり得るのだと考えるべきではないでしょうか。私は、そういう認識に立って裁判に当たるのが正しいセンス、健全な常識であると考えています。

自白の信用性の判断についても同様のことがいえます。被疑者として厳しい取調べを受けたとしても、「やってもいない重大犯罪を自白するような者はいるはずがない」と考えている裁判官は現在でもかなりの程度存在しています。そういう裁判官に出合った被告人は救われません。取調べ状況に関する訴えを簡単に否定されるだけでなく、自白の信用性も簡単に肯定されてしまいます。しかし、取調べを受けている無実の者が、やってもいない犯罪を自白するということは、実はけっして稀なことではないのです。これまで虚偽自白の結果死刑判決が確定していながら、再審で無罪判決が確定した元被告人が四人もいるということが、そのことを雄弁に物語っています。現に、東北学院大学の田中輝和教授の論稿（判時一二九五号、一二九八号）によると、戦後の有名な冤罪事件として無罪判決が確定している元被告人二三人のうち、五日以内の取調べで虚偽自白に落ちた被告人が一二人と過半数に達しているそうです（二ヶ月、三ヶ月と時間のかかった被告人は二人だけで、むしろ例外的な場合と考えた方がよいようです）。また、最近は、無実の者が警察の取調べによって虚偽の自白をするに至る心理構造を心理学の立場から解明する研究も進んでいます[2]。なお、比較的最近の例としては、逮捕後六時間で虚偽自白をして窃盗・詐欺で起訴された事件について、第一審公判の弁論終結後、別の警察で別件により逮捕された真犯人が余罪として本件を自白したため、あやうく無罪判決が出された宇和島事件[3]が有名です。

裁判官としては、あくまでも謙虚な気持ちを忘れることなく、このような隣接諸科学の知見にも十分耳を傾けるとともに、これまでの思い込みを忘れ白紙の立場から証拠を検討する必要があります。

5　具体的事例による説明

もう少し話を具体的にしていきましょう。

私が、覚せい剤事件について証拠物の証拠価値に疑問があるとして無罪を言い渡した事例が二件、判タ七七八号に掲載されています。いずれの事件についても、最終的な判断に至るまでには、私自身でもかなり迷いがあったのですが、最後の決断を下すに当たっては、以上に述べたような自分の常識に従いました。そこで、そのうちの一件（浦和地判平成四年一月一四日判タ七七八号九九頁）について少し詳しく紹介します。

(1)　事案の概要

この事件において覚せい剤自己使用罪で起訴された被告人は、当初、覚せい剤譲受け罪の容疑で逮捕されたのですが、逮捕中警察で尿の提出を求められてこれを提出した結果、その尿から覚せい剤が検出されたとして起訴されました。ところが、被告人は、捜査段階以来自己使用の事実を一貫して否認して無罪を主張しています。被告人の公判廷での弁解は、以下のとおりです。すなわち、「自分が大便所の中で採尿してコップを警察官に渡し、大便を済ませてから外に出てみると、警察官が茶色の紙コップから黄色い液体を採尿容器の方に移していた。だから、この時に警察官が自分の尿に第三者の尿を混入したに違いない。」

覚せい剤事件において被告人が捜査の違法を主張することはよくありますが、その主張が容れられることはめったにありません。それは、被告人はたいてい覚せい剤の常用者で前科もある場合が多く、有罪になると実刑を免れないので、何とかして罪を免れようとして無理な弁解をすることが多いためでもありましょう。実は、私も最初に被告人からこういう弁解をされた時は、「まさかそんなこと」という気持ちを抱いてしまいました。警察官が被疑者の尿に第三者の尿を混入するというようなことは通常考えられませんし、また、裁判例を調べてみても、そのような事実があったとして無罪判決がされたという例は一つも見つからないのです。一般的な「常識」に従う限り、被告人の弁解は奇想天外といってもいいくらい、まず立ちそうもないのです。

しかし、そうはいっても、覚せい剤事件の被告人の弁解がいつも虚偽で警察官の言い分が常に正しいという保障はありません。私は、あるいは無駄になるかもしれないが、ともかく被告人の言い分について十分審理を尽くしてみようと考えました。

(2)　被告人の弁解の問題点

調べてみると、採尿状況に関する被告人の言い分は、一部実況見分調書などの客観的証拠と矛盾していました。また、被告人の捜査段階における供述は、すべて否認調書であるのに、その中に、「他人の尿を混入された。」という供述はまったく録取されていません。被告人が公判廷で述べるような弁解をするのであれば、当然取調官に対しても同様の弁解をするのが当然と思われるのに、なぜ捜査段階での供述調書にその弁解が記載されなかったのか。これは、誰しも感ずる疑問であり、被告人にとって痛い点です。その他にも、被告人の供述には証拠上弱い点がいくつかありました。

(3)　捜査官の証言の問題点

捜査官が被疑者の尿に他人の尿を混入して無実の被疑者を犯罪人に仕立てようとすることは、通常ありそうもないことですから、被告人の弁解にこのような不合理があれば、この段階で「被告人の弁解は採用できない。」という判断をすることも十分考えられます。しかし、私は、検察官に対し、被告人からの尿の採取状況について、詳細な立証を求めることにしました。被告人の弁解が一部客観的証拠と符合しなくても全体として合理性があることはときにありますし、捜査段階の供述調書は密室の中で作成されるので、被告人が述べた弁解が供述調書に全部正確に記載される保障はないと考えたからです。証言台に立った警察官は、もちろん被告人が弁解するような違法行為はなかったと断言します。しかし、よく調べてみると、警察官の証言にも腑に落ちない点がいくつか出てきたのです。

警察官も、被告人が大便所から出てきた際に、被告人から受け取った尿に液体を注いでいたこと自体は否定しません。ただ、警察官にいわせると、それは、被告人から受け取った尿に予試験をするため一部他の紙コップに取り分けたところ、もともとの尿が約二〇ccと少なかった、それであるのに予試験用に多めに取りすぎてしまったので、一部元の紙コップに戻していたにすぎない、というのです。もし警察官のいうとおりであれば、被告人の言い分はまったくの言いがかりであるということになります。

しかし、そもそも、覚せい剤事件の証拠としては、被疑者から提出された尿がほとんど唯一の証拠です。したがって、その保管の完全性は、すべてのことに優先させる必要があるはずです。尿の同一性などについて被疑者からクレームを付けられる余地がないように、十分慎重に行動する必要があることは、捜査に当たる警察官も十分教育され承知しているはずです。警察官が被疑者から提出された尿から予試験用のものを取り分け、それをもう一度元の容器に戻すのであれば、どうして被疑者の注意を喚起しながら疑惑を抱かせないように正々堂々としなかったのか。本件警察官は、そのような配慮をせずに、壁に向かってこそこそとその作業をしていたというのですから、まずこの点に不審を抱きます。

次に、警察官にいわせると、被疑者から提出された尿は、約二〇ccという少量だったというのですから、その中から予試験に使用するせいぜい四ないし五ccを取り分けるのはそう難しい作業ではないはずです。それなのに、警察官は、紙コップに余計に取りすぎてしまい、それを元のコップに戻さなければならなくなったというのです。そのようなことも、そうたびたびありそうもないと思われます。

そして、さらにおかしいのは、警察官は予試験の結果陽性反応が出たと証言するのですが、肝心の予試験は別室で行ったというし、その結果を被疑者に告げてもいないというのです。警察官の証言によると、被告人は、当時から「予試験の結果尿から覚せい剤が出たらなんでもしゃべってやる」というような挑発的な言動をしていたというのですから、予試験をわざわざ別室で行い、しかもその結果を被告人に告げなかったという点は、どうにも腑に落ちないのです。そういう証言を全面的に信用せよといっても無理ではないか。もしかすると、警察官は、そのような予試験をしてはいないのではないか、という疑問すら出てきました。

また、本件当日警察官は、被疑者から尿を一回提出させた後、「量が少なかった」という理由で「もう一度出すように」といって再度の採尿に応じさせたことが明らかで、この二度目の採尿結果が本件で問題とされているのですが、採尿状況に関する警察官の証言やその状況を写真撮影したはずの写真撮影報告書では、一回目の採尿と二回目の採尿がゴチャゴチャにされている疑いがあり、少なくとも大変杜撰な扱いがされていることは疑いようがなくなってきました。

さらに、注射痕の存否に関しても疑問が出てきたのです。警察官は、逮捕当時被疑者の腕には、約一〇日程度経過したとみられる注射痕が存在したと証言します。しかし、この時点における注射痕の写真が存在しないのです。検察官が提出した注射痕の写真と称するものは、覚せい剤譲り受け罪で被疑者が逮捕された約一月後に身体検査令状をとって作成した身体検査令状添付のものだけなのです。この写真には何やら注射痕らしき痕跡があるようにもみえますが、とうてい注射痕であると確認できるようなしろものではありません。身体検査に立ち会った医師は、この段階でも「約一月前のものと確認できる注射痕があった」と証言するのですが、それがどれだけ信用できるものか明らかではありません。そして、そもそも警察官は、逮捕当時に被疑者の腕に注射痕を確認したといいながら、これを写真に撮影しなかった点について、ついに合理的な理由を説明できなかったのです。この警察官は、覚せい剤事件捜査に二〇年以上の経験があるという人でしたが、そういう警察官が、被疑者の腕に注射痕があるのを確認したといいながら、約一月もの間写真撮影をしなかった理由については、どうしても合理的に理解することができませんでした。

さらに証拠を調べると、この事件の捜査にはおかしなところがほかにもかなり出てきました。そこで、私は、慎重な審理の結果、結局において被告人の弁解を虚偽であると決め付けることはできないのではないかと考え、結局、そのような理由を詳細に説示して無罪を言い渡しました。この判決に対しては、検察官から控訴申立てがなく、第一審限りで確定しました。

(4)　私の最終的な疑問

この事件の捜査について私が最終的に想定した事実関係は以下のとおりです（以下のことは、判決にはっきりとは書いていません）。被告人は、暴力団の会長補佐をしている暴力団員ですが、捜査の端緒は、「被告人に対し覚せい剤を譲り渡した」という他の被疑者の供述でした。警察は、この供述に基づいて被告人に対する逮捕状を得て全国指名手配をした結果逮捕したのですが、譲受けについては証拠物が存在しないため、その事件で起訴する自信は最初からなかったのではないか。そこで、警察は、何とか自己使用の事実で起訴しようと考えたけれども、一回目の採尿によっては尿から覚せい剤を検出できなかった。そこで、警察官は、その後勾留罪名を覚せい剤自己使用に切り替えることを前提として、もう一度尿の提出を求めてこれに第三者の尿を混入し、あたかも被告人の尿から覚せい剤反応が得られたという外観を作出したのではないか。注射痕もはっきりしたものは存在しなかったため、当初は意識的に写真撮影しなかったが、その後自己使用罪で起訴することになって、写真がまったくないのはおかしいので、形だけ身体検査調書を作成したのではないか、というものです。

もちろん、こういう疑いは、ひょっとするとうがちすぎなのかもしれません。実際は、警察官がいうとおり、尿の提出に関する疑惑も被告人の単なる言いがかりだったのかもしれません。注射痕の撮影が遅れたのも、警察官のいうとおり単なる手続ミスなのかもしれません。しかし、私は、警察官に対する過度の信頼は、捜査の違法を助長すると考えるのです。

(5)　捜査官をどこまで信頼すべきか

このように、本件のような事件に関する判断は、裁判官が捜査官をどこまで信頼しているかによって左右されます。捜査官は悪を摘発する正義の味方で常に適正な捜査を遂げており、ことさらな違法捜査などしないはずだと考える人は、私のような認定には大きな違和感を抱くでしょう。しかし、私は、そういうセンス・常識にはとうていついていけないのです。捜査官も捜査官である前に一人の人間です。この事実を無視することはできないはずです。平素誠実に職務に従事している捜査官であっても、捜査が難航する事件で被疑者が捜査官の立場からみると虚偽としか思われない供述・弁解をするような場合には、そして、その弁解を覆す適切な手段が見つからず、このままでは被疑者を処罰できないことになると思われる事案では、ひょっとすると証拠物に手を加えたり、被疑者に無理な取調べをして自白を迫ろうとしたりすることがあり得るのではないでしょうか。私は、このように考えるのが裁判官として正しい感覚であると思いますし、そういう常識は、弁護人はもちろん検察官にも持ってもらいたいと念じています。そういう立場を忘れてしまうと、事実認定を大きく誤った判決をしてしまう恐れがあると思うのです。

捜査官を信頼しすぎることには、もう一つ大きな問題があります。裁判官が捜査官に対し甘すぎる対応をすると、捜査官は、多少違法なことをしても裁判所が救ってくれると高をくくってしまいます。そして、最初は小さな違法を恐る恐るしていた捜査官も、そういう事態が度重なると、遂には大きな違法を堂々とするようになってしまうと思うのです。このように、裁判官の甘い対応は、捜査の適正化にとって大きな障害になります。

三　「供述の引き出し役」としての裁判官の役割

1　「供述の引き出し役」としての裁判官が心がけるべきこと

聞き手としての裁判官は、皆さんも判事補に任官するとすぐに果たさなければならない。そして、当初は、この役割を適切に果たしていけば十分です。

しかし、判事補も五年を経過して職権特例がつくと、判事と同一の権限が与えられて、単独事件の法廷を一人で主宰しなければならなくなります。そして、この段階で一番苦労するのは、それまで裁判長にお任せしていた訴訟指揮権を自分で適切に行使することです。訴訟指揮権を適切に行使すること自体が難しいだけでなく、訴訟指揮をしながら心証も適切に形成しなければならないのですから、これは大変です。毎日こういう仕事をしていると、次第に胃の調子がおかしくなります。これは余談ですが、私がまだ現役裁判官であったころ、今は亡き中野次雄元大阪高裁長官が「裁判官の仕事ってやつは、どうも胃によくない。」とぼやいておられたのをよく覚えています。私は当時まだ若かったし、裁判官の仕事とはこういうものだと思い込んでいて他の世界の仕事を知らなかったので、そういう言葉を聞いてもあまりぴんと来なかったのですが、その後自分が裁判官を退官してみて、「ああ本当に大変な仕事をしてきたのだな。」と実感するようになりました。辞めてみて初めて中野先生の言葉の意味が理解できたといえます。

それはそれとして、単独裁判官として訴訟指揮をする場合に一番気を付けなければいけないことは、その証人ないし被告人から、いかにして情報を適切に引き出すかということです。被告人はもちろん証人も、特別の場合は別として、法廷では例外なく緊張しきっています。まして、被告人や証人が捜査段階において捜査官から痛めつけられ本当のことがいえなかったような場合は、本当のことをいい出すとまた叱られるのではないかと思って、いいたいことをなかなかいい出せないようです。したがって、裁判官としては、被告人・証人の緊張の緩和に十分意を用いて、リラックスした気持ちでいいたいことを十分いってもらう必要があります。

この点に関する限り万能薬はありません。しかし、私は、証人の場合は人定質問や偽証罪の告知などの機会、また被告人の場合は冒頭手続における黙秘権の告知などの機会が一つの良いチャンスではないかと思います。ロー・スクールの学生に模擬裁判をさせると、裁判官役の学生は、例外なく、偉そうに「被告人」とか「証人」などと呼んで堅苦しくこの手続を行っています。模擬裁判の前には、学生は皆法廷傍聴に行って、プロの裁判官のやり方をみてくるのですが、裁判官は、例外なくそういう堅い言葉を使い、表情も硬いのでしょう。要するに、流れ作業のように手続を進めています。だから、学生は皆必死になってそれを真似しているのですが、裁判官がそういう硬い態度・表情では、なかなか法廷の緊張感を緩和することはできません。私は、そういう機会に裁判官は、最低限度、証人・被告人に語りかけるような調子で、ときには「〇〇さん」と本名で呼びかけながらこれらの手続を本人が理解できるような仕方で行うべきだと思います。一度では無理にしても、そういうやり方を繰り返すことにより、「この裁判官に対してなら、捜査段階での供述と異なる供述をしても叱られたりすることはない」という信頼感を植え付ける努力をすべきだと思います。

しかし、そうはいっても、その段階の作業だけで証人・被告人に対しそういう信頼感を抱かせるのは容易でありません。そこで、その後の具体的訴訟指揮が問題となります。その場合、裁判官に大切なことは、証人・被告人に対し、何をいっても大丈夫だという信頼感をいかにして抱かせるかということです。

2　具体的事例の検討

ここでもう一度具体的事例を挙げさせてもらいます。私が初任の判事補であったころ、芝増上寺の掃除婦をしていた身分の低い年配の女性が増上寺の本堂に放火したという事実で起訴された事件がありました。公訴事実自体には争いがなく証拠上も明らかだったのですが、どうも動機がもう一つはっきりしないのです。被告人の捜査官調書にもはっきりした記載がないし、法廷供述も明瞭でありません。しかし、私の当時の裁判長は、大変立派な方で、口ごもる被告人にいろいろ語りかけ、その重い口をとうとう開かせてしまいました。被告人がとつとつと語ったところによると、この女性は、増上寺の「権の僧正」という偉いお坊様と肉体関係があったのですが、そのお坊様が冷たくなったのを恨んで放火したということでした。

しかし、この弁解も、一見すると奇想天外に聞こえます。増上寺の僧正とか権僧正といえば、あの大寺院の中の最高のポストであり、常識的にも人格的に立派な人が座るものだという固定観念があります。だから、そういう男性が、いってみれば卑しい身分・地位にある（また若く美しいともいえない）年配の女性と肉体関係を持つということと自体、なかなか想像しにくいことです。この女性被告人は、捜査段階でもこの動機を少しいい出したのですが、結局捜査官に相手にしてもらえなかったようでした。そして、もういくらいっても取り上げてもらえないのだろうと考え、法廷では一言もそういうことをいわなかったというのです。その女性に対し裁判長は、（普段はなかなか気の短い方なのですが）やさしく語りかけるように問いを投げかけ、気長に答えを待つという訴訟指揮をされ、結局女性から以上のような供述を引き出してしまいました。

そのうえで、裁判長は、権僧正を証人として尋問し、とうとう女性と肉体関係があった事実を事実上認める供述を引き出してしまった。

この事件は、事件としてそれほど大きなものではありませんし、また、弁解の内容も情状に関係するだけのもので、それによって犯罪事実の認定が根本的に変わるというようなことはありませんでした。しかし、裁判長が被告人に対し上手に語りかけることによって、口の重い被告人や証人でも、場合によっては口を開くことがあり得るという一つの良い例ではないかと思います。

もっとも、私自身は、その後この方をお手本として、何とかして裁判長の域に達することができないかと思って努力してきましたが、とうとう三七年かかっても無理でした。この問題は、ことほどさように難しいものであると実感しています。

四　まとめ

最後に簡単に今日の話を総括したいと思います。私が今日皆さんに聞いてもらいたかったことは、①裁判官の役割には、聞き手としてのもののほかに供述の引き出し役としてのものがあること、②聞き手としての役割は、できるだけ予断・先入観を排除して率直に証言を聞き、これを証拠に照らして素直に評価することですが、最終的には個々の裁判官の常識・センスに委ねられる部分が大きいということ。したがって、日頃からセンスを磨くことが大切であること、③刑事では、被告人の供述と捜査官の供述が対立する場面が多いが、捜査官の供述の評価に当たっては、捜査官を頭から信頼するのではなく、捜査官も一人の人間であるという事実をしっかり頭に置くべきであること、④供述の引き出し役としての裁判官の役割はより困難なものですが、訴訟指揮権を行使する際には、証人・被告人に対し、この裁判官に対してなら何をいっても大丈夫であるという信頼感を与えるような態度をとるように努め、証人・被告人から捜査段階ではいい出せなかった供述をも引き出すように努めることなどです。最後の④は、皆さんが裁判官になっても大分あとから対面する仕事ですが、少なくとも①ないし③の役割は、当初からしっかり果たすよう努力してほしいと思います。

結局、ごく当たり前のことばかり話したように思いますが、そういう当たり前のことがいかに大事であるかということを、皆さんはこれから嫌というほど味わうことになるだろうと思います。

1　拙稿「有罪認定に必要とされる立証の程度としての『合理的な疑いを差し挟む余地がない』の意義」平一九重要判例解説（有斐閣、二〇〇八年）二一一頁以下参照。

2　浜田富美男『自白の研究〔新版〕』（北大路書房、二〇〇五年）。

3　松山地宇和島支判平成一二年五月二六日判時一七三一号一五三頁。

第九章　求められる裁判官の資質などについて

一　はじめに

私は、一九六三年四月に裁判官になり二〇〇〇年五月に退官するまで、三七年余りにわたる裁判官生活の大部分を刑事裁判官として過ごしました。私は、もともと刑事裁判より民事裁判の方が好きで民事裁判官になるつもりだったのですが、ある偶然が私の人生を変えてしまいました。また、当初、刑事裁判の仕事にさっぱり興味が持てずに、早く民事に替えてもらいたいとばかり思っていましたが、その後、これもある偶然から、刑事の仕事が好きになりました。そして、そのうちに民事に替わりたいという気持ちもなくなって、結局終生刑事裁判官として過ごす結果になった次第です。これらのことについては、以前、著書の中である程度触れましたので[1]、詳しくは述べません。後に、必要な限度でお話しようと思います。

二　わが国の刑事裁判システムの特色と刑事裁判官に求められる心構え

ところで、わが国の刑事裁判システムは、圧倒的に検察官に有利に運用できる仕組みになっています。たとえば、被疑者にはつい最近まで国選弁護がまったく認められてきませんでした。勾留期間は長いですし、被疑者・被告人と弁護人との接見交通権も大きく制約されています。公判段階での証拠開示制度もきわめて不備です。さらには、取調べが可視化されていないだけでなく、自白の任意性に関する審査がまことにずさんです。そして、それであるのに、無罪判決に対して検察官が控訴・上告して争うことが認められています。こういうシステムの下では、えてして無辜の人間が冤罪に泣くことがあり得ると思います。

ですから、刑事裁判官は、現実の訴訟システムがこのようなものであるということを十分意識したうえで事件をきちんと処理していく必要があります。逆に、裁判官にこれらの点に関する問題意識が希薄ですと、自分では真面目に仕事に取り組んでいるつもりでも、実際には冤罪を生み出すのに一役買ってしまうことにもなりかねません。

三　「刑事裁判官として必要ないし好ましい資質」と「好ましくない資質」

しかし、現実の刑事裁判システムがこういうものである以上、問題は裁判官の心構えだけで解決できるはずがありません。私は、制度の改革はどうしても必要だと思いますが、当面それが難しい以上、刑事裁判官にはそれをするのにふさわしい裁判官を充てて行く必要があると思うのです。それでは、刑事裁判官に必要ないし好ましい資質はどのようなものであり、好ましくない資質はどういうものでしょうか。私は、次のように分類できると考えています。

1　刑事裁判官として必要ないし好ましい資質

①ある程度の学力があること――頭が悪くてはいけません。そういう意味で、頭は良い方が悪いよりいいには違いないですが、余り良すぎない方がいいと思います。頭が良すぎると、ときに普通の人には理解できない考え方をしてしまうことがあるからです。

②円満な社会常識――一般の人の考え方を理解することができ、余り独断的な判断をしないことが大切です。

③真面目さ・謙虚さ――これは、あらためて申し上げるまでもないでしょう。目線を被告人と同じにしたうえで、弁解に謙虚に耳を傾けることができなければならないと思います。

④周囲と適切な人間関係を築くことができること――裁判はチームで行うものですから、チームワークを作れない人はそもそも裁判官に適しないと思います。

⑤人間が好きであること――これは、自分の家族（妻や子供、両親など）を愛するということだけではありません。家族を大切にすることはそれ自体重要なことですが、むしろここでは、法廷で相まみえる被告人や厄介な主張をする弁護人をも愛することができなければ駄目だという意味です。

⑥聞き上手であること――被告人や証人の話を根気よく聞き、いいにくそうなところを上手に引き出してやることは、実際にはなかなか難しいことです。私もそうでしたが、裁判官はいつも時間に追われていますから、つい「要するにどういうことか」と性急に結論だけを聞こうとしますが、事案によっては、そういう聞き方では真実を引き出せないことがあります。

⑦やさしさ・感受性・暖かい心――弱い者の立場や痛みを理解することができることで、特に大切な資質であると思います。

⑧　権力にたやすく迎合しない心の強さ――刑事裁判は、国家権力を相手にする仕事ですから、権力にたやすく迎合する裁判官は、害をなすと思います。

⑨　慎重さ・細心さと決断力――三つ目の「決断力」は、前の二つ（慎重さ・細心さ）と矛盾するようにも思われますが、裁判官は十分慎重であることに加え、ある段階では果断な決断をすることが求められると思います。そこが裁判官の仕事の難しい点だと思います。

2　好ましくない資質

①　傲慢・不遜――こういう裁判官は、えてして被告人を見下しますから、真に公平な裁判ができません。

②　自信過剰・独断的――刑事裁判では、被告人の有罪方向での証拠は最初からある程度揃っているわけですから、こういう体質の裁判官にあっては、被告人はすべて有罪と判断されてしまいます。

③　優柔不断――難しい問題について同僚・先輩の意見を参考にすることはむしろ好ましいことですが、中には自分では決断できなくて、いつまでもぐずぐずと時間ばかりかけてしまう人もいます。これは、慎重・細心ではなくて、単なる優柔不断・怯懦であると思います。

④　権力的・権力志向的・権力迎合的――この三つは、どういうわけか共通して備えている場合が多いようです。私は、普段は上司に対しきわめて腰が低く丁重な対応をしていながら（いわゆる「ヒラメ判事」）、法廷では人が変わったのではないかと思われるように権力的・高圧的な訴訟指揮をする裁判官を何人も知っています。

⑤　強すぎる正義感と過剰な秩序維持意識――「悪を許さない」という意識が強すぎると、被告人の弁解がすべて嘘っぽく聞こえてしまうようです。

⑥　人間嫌い――現在は知りませんが、かつては、登庁しても役所では最小限必要なこと以外にはいっさい口をきかず、もちろん書記官室との交流もしないという裁判官がかなりいました。これでは、チームとして行う裁判がうまく行くはずがありません。

⑦　弱い者の痛みを理解できるやさしさの欠如――これは、一番いけない資質です。

3　弱い者の痛みを理解できない裁判官について

ここに挙げた資質の多くのものについては、あらためてご説明するまでもないでしょう。おそらく皆さんにもご同意いただけるのではないかと考えていますので詳しい説明を省略しますが、ただ、最後に挙げた「弱い者の痛み」の問題については、少し具体的な例を挙げて説明しておきたいと思います。

たとえば、刑事の法廷では被告人が、「本当は罪を犯していない。警察でも『やっていない』と必死に説明したけれども、全然取り合ってもらえなかった。ずいぶん頑張ったが、どうしても信じてもらえないので、とうとう絶望して警察のいうとおりに罪を認めた。」という類の弁解をすることがよくあります。

そういう弁解を受けた裁判官がこれをどう受け取るかがまず問題です。先に述べたように、わが国では、密室内でのやりとりを裁判官が直接知ることができない仕組みになっているのですから、裁判官としては、取調官と被告人の双方の言い分をよく聞いたうえで、本当は被告人がいっているような状況であったのではないか、という疑いの目をもって取調官の証言を検討するのが正しいはずです。しかし、現実には、被告人は法廷で検察官から厳しく追及されるとしどろもどろになってしまうこともあります。また、自分の言い分を認めてはしいばかりに、多少誇張して供述する場合もあります。これに対し取調官は、理路整然とした断定的な証言をするのが通常です。そうすると、多くの裁判官は、安心して、取調官の証言を信用し簡単に弁解を排斥してしまうようです。いや現実には、被告人の弁解にかなりの根拠がありそうにみえる場合でも、取調官の証言の方を信用する裁判官が相当いるというのが実情ではないかと思います。そして、その裁判官が、そもそも「やってもいない罪を認めるなんて、そんな馬鹿なことがあるはずはない。」という感覚の持ち主であるとすると、たちまち冤罪の発生に結び付くことになります。最近の下級審裁判例を読んでいると、「自白している以上犯人に間違いない。」という前提から出発しているとしか思われないものがかなりあるように、私には思われてなりません。

もっとも、それにしても、被告人が身柄拘束された上連日厳しい取調べを受けたような場合であれば「この自白は危ないぞ。」と警戒してくれる裁判官もかなりいるかも知れません。しかし、被疑者は、身柄拘束を受けていなくても、また、それほど長時間の取調べを受けたというわけでなくても、虚偽の自白に落ちることがけっして稀ではないということを肝に銘じておくべきです。

ただ、そうはいっても、抽象的にいわれたのではなかなかぴんと来ないかとも思います。そういう方は、僅か六時間の任意取調べによって虚偽自白に誘発された宇和島事件[2]の例を想起していただきたいと思います。

この事件では、事件が第一審に係属中に真犯人が現れたため、被告人に対しては無罪判決が言い渡されました。しかし、仮に真犯人が名乗り出なかったと仮定した場合に、どの程度の裁判官が、この被告人の「やっていない。」という弁解を認めて無罪判決を言い渡しただろうかと考えると、恐ろしくなります。私が、「刑事裁判官には弱い者の立場を理解できる資質が必要だ。」と力説するのは、こういう事件が現実に存在するからです。最近は、この事件のように、公判中に真犯人が現れて検察官が無罪の論告をしたと報道される事件がときにあります[3]。こういう事件でもし真犯人が現れなかった場合に、裁判官が無罪判決をしたであろうかという点については、一度真剣に検討してみる必要があると思います。

もっとも、現実には、それほどの重罪でない場合には、多くの事件の被告人が、裁判所の判断に不満を抱きながらも、上訴をせずに判決に従い服役して行くという現実があります。そういう被告人がいったいどういう気持ちを抱いているのかは知る由もありませんが、「判決の事実認定にはもちろん不満だが、いくらいっても裁判所が理解してくれない。いつまで争ってもどうしようもないから、早くすませて出てきた方が得だ。」とか、「否認していては保釈すらしてもらえない。それでは、自分の生活が破綻してしまう。」などという理由で、真実は冤罪であるにもかかわらず刑に服するケースは、けっして少なくないと、私は考えています。しかし、彼らがもし本当に罪を犯していないとしたら、そういう現実は彼らにとって本来堪えられないことであるはずです。何とかして、そのような事態を回避するというのが、刑事裁判官に課せられた責務であると、私は考えます。そして、そのためには、裁判官が弱い立場に立たされた者の気持ち、心の痛みを十分理解することが前提となると思うのです。

有罪判決に対する再審請求事件はかなりの数になります。私は、現実に申し立てられている再審事件のすべてが冤罪であるといい切るだけの調査をしているわけではありませんが、そういう事件について確定判決をいくつか読んだことがあります。そうしてみると、この種の事件の確定判決には、第三者の私ですらとうてい納得できない問題点が見つかります。それでは、本人である請求人が納得できないのは当然です。私は、再審事件、特に実際に服役を済ませた後にまで執拗に再審を申し立てる元被告人の再審事件などを審理する裁判官には、ぜひとも、「請求人がそこまでいうのであれば実際はそうであったのではないか。」という頭でもう一度しっかり記録を読み直してもらいたいと希望します。人が服役を済ませた後にまで再審にこだわるというのは、よくよくのことです。真実罪を犯しているのであれば、服役をすませた後まで再審を求めるというのは、よほどの変人以外はないと考えるのが常識です。ですから、間違っても「いったん有罪判決が確定している以上、よくよくのことがない限り、確定判決を破るべきではない。」というような感覚で再審事件を扱ってほしくありません。裁判官は、あくまで「弱い者の痛みをよく理解して、その気持ちを察する度量を持ち合わせていなければならない。」と思うからです。

4　家庭環境・生育歴の人格形成への影響——私の体験から得た教訓

私はこのように考えているのですが、「それではお前は後輩にそういうことを語る資格があるのか」、という質問が出てきそうです。

しかし、私自身は、それほど無理をしなくても弱い者の気持ちが比較的よく理解できた方だと考えています。どうしてそうなったのか、その理由を考えてみますと、どうやらそれは私の生育歴と生育環境に関係しているように思います。私の生育歴については、以前著書の中である程度述べていますが(4)、この機会にもう少し詳しく述べてみたいと思います。

ご存知の方もおられるかと思いますが、私の父親は、戦前「木谷・呉清源時代」という一時代を作った高名な囲碁棋士です。そして、兄弟姉妹は私を含めて七人もおりまして、私は、その三番目です。私の上には姉と兄がおり、下には妹三人が続き、最後に唯一戦後生まれの末弟がいるという状況です。

ところで、兄は子供のころから秀才の誉れ高い男で、大して勉強するわけでもないのに、学校ではいつも一番をとるような子供だったのです。要するに「よくできる子」「頭がよくて要領のいい子」でした。また、私のすぐ下には、後にプロの囲碁棋士になった二歳違いの妹がいまして、これがまた、兄の私がいうのも変ですが、頭がよくて記憶力抜群、学校の勉強もよくできるのです。変なことで妹自慢をしてしまいますが、私の家では、お正月に家族で百人一首をするのが恒例でした。そして、子供たち（私たち兄弟姉妹）が小さいときは、父親が問題なく一番強くて、何人かかってもかないませんでした。ところが、妹は、小学校の低学年の頃からかなり強かったのですが、高学年になると、ものすごく上達してきました。一〇〇枚全部の上の句と下の句を記憶してしまうのはもちろんですが、実際の勝負では、どこにどの札が置いてあるかということを全部覚えていて上の句が読み上げられるとたちまち札を取ってしまいます。特に、勝負の後半になるとこの記憶力は抜群の強みを発揮します。とうとう、父親もかなわなくなってしまいました。また、妹は、小学校高学年のころから日本棋院の院生として本格的に囲碁の道に入りまして、高校一年の年にプロの入段試験に合格したため、学校の勉強の方は余りする時間がなくなってしまいました。そして、しょっちゅう学校を欠席するようになったのですが、高校は私と同じ進学校で、それなりの成績をとっていました。そういうわけで、私は、秀才の兄と才媛の妹に挟まれて育つ苦しい立場に置かれていたのです。なお、この妹は、後にプロ六段まで上り、女流本因坊や女流名人のタイトルも獲得しましたが、残念ながら一〇年ほど前にがんで亡くなってしまいました。そういうわけで、私は、自分では意識はしていませんでしたが、終始圧迫感を感じていたのではないかと思います。

そこで、子どものころの私の人物像を自分なりにスケッチしてみますと、次のようになります。まず、真面目で素直であったことは事実だったと思います。ただしかし、「弱虫・泣き虫・意気地なし」という言葉がそのまま当てはまるような気の弱い子どもでした。ちょっとしたことがあると、すぐに泣き出すので、悪ガキによくいじめられました。最近は「いじめられっこ」という概念がありますが、まさにその言葉にぴったりであったと思います。他方、その概念とやや矛盾する可能性がないわけではありませんが、「短気でかんしゃく持ち」という点もあったように思います。

兄はなかなか悪知恵も発達しているものですから、よく私にちょっかいを出します。そうすると、私がむきになって怒るので、ますます面白がってからかう。その結果、私がかんしゃくを起こして兄に暴力を振るうという兄弟喧嘩をよくしました。そして、忙しい母親は、経過をみないで結果だけをみますから、結局、原因をよく理解しないまま、暴力を振るった私を叱ることになります。私が後年裁判官になってから、事件の背景、犯行の動機などをよく調べる必要があるという点を意識するようになったのは、あるいはこういう幼児体験が影響しているのかも知れません。もしそうだとしたら、子どものころよくいじめてくれた兄や事情を調べもしないで私を叱ってくれた母親に感謝しなければならないことになります。

私の小学校時代の成績は平凡でした。もちろん劣等生というわけではなかったと思うのですが、兄の素晴らしい成績を見慣れている母親からすると、私の成績は大変物足りなかったようで、余り期待はされていなかったと思います。

そういうわけで、小学校時代の私は、まことに冴えない存在でした。学校では悪ガキにいじめられ、家では兄に虐げられる。妹には囲碁で追い上げられる。私は、成人してから子供時代を振り返ることがありましたが、つくづく「自分の小学校時代は、暗黒の時代であった。」と考えたものでした。

あのまま事態が進んだとしたら、その後の私の人生はかなり悲惨なものになった可能性があります。ところが、ここでも一つの偶然が私を救ってくれました。それは、五年生になった際の組替え（クラス替え）と担任の変更です。私の通っていた学校は小さな分校で、クラスは一学年二クラスしかありませんでしたが、五年生になるに当たり、全面的な組替えがありまして、私は竹組になったのです。そして、どういうわけか、勉強のよく出来る子はほとんど全員松組に行ってしまいました。先生も、それまで怖い男の先生だったのですが、初めて授業を持つ新人のやさしい女の先生に受け持ってもらうことになりました。私は、後年、このときの組替えは実は今でいう能力別編成だったのではないかと長い間疑問を持っておりまして、比較的最近（一昨年）、まだご健在である当時のクラス担任の先生に質問したことがありますが、答えは「いえそんなことはありませんよ。」というものでした。この答えが真実を語っているのかそれとも私のプライドを傷付けたくなくて先生が事実に反することをいわれたのか、真相はそれこそ不明ですが、ともかくそういうことで、私はにわかにクラスの中ではかなりできる方の部類に属することになったのです。そして、先生も、特別にやさしく目をかけてくださったように感じています。そうなると、現金なもので、少しずつではありますが、勉強の方にも興味が湧いてきて面白くなり、成績も次第に上昇してきました。

その結果、中学・高校時代は比較的順調に勉強が進みまして、大学にはそのまま入学を許されるということになったのです。私は、自分がこういう経験をしていますから、後年裁判官になってから、恵まれない環境に育った被告人の話を聞かされるたびに、これを他人事であると考えることができませんでした。もしあのままの状態で経過していたとしたら、自分も同様な人生をたどることになったのではないかなどと考え、粛然たる気持ちになったことも何回かあります。ですから、私は、余りにも順風満帆の人生ばかり歩んできた人より、苦労してきた人の方が裁判官には向いているのではないかと考えています。順調な人生を歩んできた人は、恵まれない人の気持ちを理解するよう、意識的に努力する必要があると思います。

私の人格形成に影響した事実としては、それ以外に父の内弟子さんとの共同生活、それに両親の存在があると考えています。

私の家庭は、両親と兄弟姉妹だけでも一〇人に近い大家族でしたが、それ以外に、父親のお弟子さんが内弟子として常時一〇人前後時には一〇数人も住み込んでいました。これらのお弟子さんが家に住み込むようになるいきさつは、だいたい次のようなものです。当時は終戦後の食糧難の時代でしたから、父親は、対局どころではなく、地方を巡業して家族の生活費を稼がなければなりません。その行動範囲は、遠く九州から北海道にまで及びます。そして、行く先々で後援者が碁会を開いてくれまして、父親はそれらの囲碁愛好家の指導をして指導料をいただくというシステムです。ところが、そういう囲碁の好きな大人のいる地方には、必ず囲碁の天才少年がいるのです。そういう少年は、小学校低学年のうちから、周囲の大人を皆負かすようになってしまいますから、大人の方は「これはとんでもない天才だ。ぜひ木谷先生のところで修行をさせてプロにしてもらいたい。」と頼み込んできます。父親がまた、そういう少年を育てるのが好きであったものですから、わが家では、父親が巡業に出る都度、何人かの少年を連れて帰ってくるというのがごく日常的な情景でした。そういうわけですから、母親は、自分の子どもだけでもたくさんいるのに、同じ年頃の少年や少女を常時何人も世話するということになります。そうなると、自分の子どもに対しては手が回らなくなりますから、余り余計な世話はしなくなります。つまり、私の生育環境は過保護とはほど遠い世界だったのです。これは私にとってはありがたいことでした。(5)

お弟子さんは、わが家から小学校や中学に通います。食事も同じ部屋で同じものをとる。実際には兄弟のような関係になります。二番目の妹の学年には、有名な大竹英雄君（名誉碁聖）を初めとして、同学年の内弟子さんが三人もおり、母親は、PTAの保護者会などには、内弟子さんのクラスに出るのが精一杯で、妹のクラスにはついぞ出席したことがなかったようです。そして、こういう子どもが、囲碁に関してはとんでもなく強いのです。これには圧倒されました。私が、早い段階で囲碁の途をあきらめたのは、妹以外に、こういう自分よりはるかに年が下であるのに、信じられないくらい多くの天賦の才を持った天才少年たちを目の当たりにして、「こういう連中と勝負しても勝てっこない。」と感じさせられたのが大きかったように思います。また、この経験があるために、後に裁判官として仕事をするに当たって、人には思わぬところに才能があるのだからという思いから、人生に失敗した被告人にとっても、「今後巻き返しのチャンスが必ずあるはずだ。」（いわゆる「再チャレンジ」）という気持ちを失わせないようにしました。

このように、私は、子どものころから他人を交えた家庭生活を経験させられたのです。それは、「わがまま」とか「自分勝手」ということとはまったく無関係の世界でした。こういう経験も、私の人格形成にかなりの影響を与えているのではないかと思います。

他方、両親からは、他人を愛する懐の深さとたやすく権力に迎合しない芯の強さを学んだように思います。

四　刑事裁判が好きになったいきさつ

そういうわけで、大学には運良く入学を許されたのですが、中学・高校時代真面目に勉強していた反動で、入学後はすっかり遊び癖がついてしまいました。とりわけ、専門科目に関する「偉大な先生方による大教室での講義」は、全然面白くない。そこで、趣味の尺八と山登りに没頭（というか逃避）して、勉強をさぼりにさぼってしまいました。

ところが、四年生の夏ころになると、ほかの学生はにわかに就職活動を始めます。しかし、私は、もう一つ気持ちが乗らないのです。法律は好きでないけれども、法律家（特に実務家すなわち法曹）の仕事には興味がありました。大学受験で文科Ⅰ類を選んだときにも、高嶺の花とは思いながら、できれば司法試験を受けてみたいという気持ちがないわけではなかったのです。そこで、父親に嘆願して一年間の留年を許してもらいました。これは、私が自分の人生でした最初の主体的かつ積極的な選択だったと思います。

一年間、面白くもない法律書と必死に格闘した甲斐があって、試験には運良く合格することができました。そして司法修習です。そこから先のところは、著書でも詳しく書いていますので、この程度にします。しかし、私が刑事裁判の面白さを感じるようになったいきさつについてだけは、やや重複しますがお話しておきたいと思います。

初任の東京地裁で最初に配属された部の裁判長は、いくら被告人が弁解しても、鼻の先でせせら笑っている感じで、まともに取り上げようとされません。私には、その弁解がかなりもっともらしく感じられるのですが、「そんな馬鹿なことはあり得ない。」といって、たいして証拠調べをしないまま、どんどん弁解を排斥してしまいます。私は、これが本当に裁判という名に値するのだろうかと本気で悩みました。私が、民事への配属替えを真剣に希望しようと考えたのはそのころでした。もしあのまま、最初の裁判長の下での仕事が続いていたら、私はその後おそらく民事への異動を上申して民事裁判官としての人生を送ることになったと思います。

ところが、ここでもまた、偶然が私の人生を変えます(6)。

間もなく、裁判長が交代されて、最高裁の刑事局長をしておられた樋口勝判事が、わが部の裁判長として赴任してこられたのです。樋口裁判長の訴訟指揮は、それまでの裁判長のそれとはまったく違いました。被告人の弁解を極力大切にされ、むしろ被告人が事実を認めてしまうと機嫌が悪いくらいなのです。被告人の弁解を鼻でせせら笑うというようなことはいっさいありませんで、弁解がどのように奇想天外とみられるようなものであっても、その成否については徹底的に事実を調査しようとされます。当初は、私の方が面食らってしまい、「そんなことまで調べる必要があるのですか。」といって裁判長に叱られるようなことすらありました。私は樋口裁判長の下で一年三ヶ月陪席を務めましたが、たったこれだけの期間に、ほんとうに沢山のことを教えていただいたと考えています。

このようにして、私の刑事裁判官としての理想像は、樋口裁判長の下で完成しました。そして、その影響を受けながら、何とかして樋口さんの域に達しようと必死に努力してきましたが、三七年かかっても結局は無理でした。刑事裁判とは、ことほどさように奥が深く困難なものであると実感しています。

五　具体的事例から裁判官の資質を問う——調布駅南口事件を題材に(7)

1　事件の概要と経過

とりとめない話ばかりしてきましたが、この辺で少し本格的な刑事事件の話をしようと思います。といっても、この事件は、厳密にいえば刑事事件ではなくて少年事件なのですが、刑事と密接なかかわりを持っていますから、そういう意味で聞いてください。

調布駅南口事件というのは、京王線調布駅南口の公園付近で深夜に発生した集団暴力事件でありまして、被害者の大学生五人が暴走族風の若者数人に取り囲まれて殴ったり蹴ったり、かなりひどい暴行を受けまして、うち一人は約三週間程度の傷を負わせられたという事件です。

最初に、事件の大まかな経過を申し上げます。この事件は、当初逮捕された少年たちに東京家裁八王子支部が中等少年院送致決定をしたのですが、これに対する少年側の抗告申立てが私の属する部に配点され私の主任事件となりました。少年らは、全員事実を否認しています。ちょうど夏休みに入る直前でほっとしていたところに妙な事件が舞い込んできたのです。少年たちの一部が成人に達する直前で、九月の後半以降に処理がずれ込むと、少年法一九条二項による検察官送致が必要になる事情もありまして、付添人は、事件処理を急いでほしいといってきます。こういう事件が来てしまうと、裁判官は夏休みどころではなくなりますね。特に主任の私は、さっそく記録検討に入り、問題ありという認識を合議体に報告し、休暇中に精力的に証人尋問を行うことが決まりました。

そして、九月一七日に原決定には事実誤認があるとして取消し・差戻しの決定をしたのですが、差戻しを受けた家裁八王子支部が、警察が行った膨大な補充捜査結果の追送致を受けてさらに事実調べを行った結果、高裁決定の拘束力は失われたと称して、こともあろうに、今度は少年法二〇条に基づく逆送決定をしてしまい、それを受けて検察官が再捜査のうえ起訴してしまいました。その結果、今度は地裁八王子支部の出番になったのですが、地裁は、途中まで事実審理をした後、うち一人の少年につき、公訴棄却の決定をしました。理由は、このような逆送決定は不利益変更禁止の原則に反する、ということです。ところが、検察官の抗告を受けた高裁は、この決定を取り消します。逆送決定のような中間処分は、不利益変更禁止の原則の対象にならない、というのです。

最高裁は、付添人の特別抗告を受けまして、原原決定と多少理由は異なるものの、実質的にこれを支持して原決定を取り消し、検察官の抗告を棄却したのです。そのため、事件は再び第一審に戻ったのですが、検察官は、最高裁決定を受けて、被告人ら全員に対し公訴を取り消しましたので、被告人ら全員に対しては公訴棄却決定が確定しました。

おさまらないのは被告人たちです。散々手続問題でこね回された挙句、有罪判決こそ免れたものの、結局自分たちが無実であったという事実を証明する機会も奪われてしまったわけですから、彼らの気持ちは理解できます。

そこで、彼らは、刑事補償の請求をしました。しかし、この請求は東京地裁八王子支部によって簡単に棄却されてしまいました。刑事補償法で補償を受けられるのは無罪判決の場合が原則で公訴棄却決定の場合は「無罪であることが明白な場合に限られるが、本件はそのような場合ではない」というのがその理由です。しかし、請求人らの抗告を受けた東京高裁は、原決定を取り消して、請求人らに対し刑事補償を認めました。この決定は、法律解釈として、刑事補償法二五条一項について注目すべき見解を示しただけでなく、事実認定としても最初の高裁決定が正しく、家裁の決定は独自の見解で上級審の拘束力を無視したものであるとして厳しく批判しています。そして、結論として、請求人らに対し、少年法に基づく身柄拘束分を含めて一人当たり百数十万円の補償を認めました。

このようにこの事件は、本来の争点以外の点で派生的な多くの論点を提起し、そのために法解釈のうえでいくつかの上級審判例を引き出したのですが、こういうことは少年らにとっては迷惑以外の何ものでもありません。問題の発端は、すべて差戻しを受けた家裁裁判官の逆送決定にありました。そこで、この裁判官が、どうしてこのような決定をしてしまったのか、この点を決定書から読み取ってみたいと思います。

2　事実認定上の問題点

この事件には、事実認定上の問題点がたくさんあるのですが、ここではそのうちの特別に重大なもの二つについて触れておくことにします。元少年（被告人、請求人）らは、「ルート20」という暴走族に属していたのですが、仲間のGという少年の自白によって芋ずる式に逮捕され、厳しい取調べを受けてうち何人かは自白しました。しかし、Gの自白には信用性に大きな問題がいくつもありました。そのうち最大の疑問は、「Gが当夜公園にいたという時間帯はGの勤務時間内で、Gは実際は勤め先にいて公園には行ってないのではないか。」ということです。この点は、原審判当時から付添人が主張していまして、原決定直前には、付添人から勤務先パチンコ店のタイムカードが提出されていました。Gは、当夜午後七時ころ駅前の広場に行ってその後犯行に参加したと自白しているのですが、このタイムカードには、「一五時一七分出勤、二三時〇二分退出」という記録が残っております。これによると、Gの自白するような行動は不可能になるのです。もう一つの点は、客待ち中ごく近くから犯行を目撃したタクシー運転手（土屋さん）の証言で、この人は、最初の写真面割りの段階から、犯人は少年たちの写真の中にはいないとかなりはっきり供述していました。

(1)　目撃者の証言について

まず、後の問題について先に述べます。土屋さんは、犯行当時駅前で客待ちをしていたタクシー運転手ですが、至近距離からかなりの時間、犯人の行動をしっかりと目撃していたといいます。そして、事件から一月半を経過した時点で行われた警察の事情聴取においても、犯人の服装、容貌などについて詳細な供述をしていました。そして、その二週間後にAらを面通しさせられた段階では、「自分が目撃したのとは別の人物である。」と明言していたのです。しかるに、警察は、事件後関係者から何らかの働きかけを受けて土屋が虚偽供述をしているのではないかと勝手に疑い、その供述を信用しませんでした。そして、警察は、土屋供述に信用性なしと判断したことから、面通しの結果も書面化しなかったので、家裁裁判官は、この面通しの結果を知らされないまま審判する結果となっていたのです。これらの点は、抗告審での事実調べの結果、明らかになっています。

(2)　タイムカードについて

付添人が提出したタイムカードには、先に述べたような記載がありまして、G供述はどう考えても真実とは思われないのです。しかし、警察は、その後の補充捜査によって、「当日は間違いなく早番勤務だった。タイムカードは、必ずしも正確ではない。」というようなGの供述調書を作成して、タイムカードの正確性を争っています。しかし、Gの友人Kは、この段階でも、「Gは当日間違いなく遅番だった。店では、出勤していない者のタイムカードを押すような扱いはしていない。」とはっきり述べています。

こういうことですから、本件で少年たちの関与を認めさせる最大の証拠であるG自白には、とんでもない疑問が提起されておりまして、この疑問はまったく解明されていなかったのです。

これ以外にも、証拠上の問題点はたくさんありましたが、私たちは、読みにくい少年事件記録を必死になって読みこなし、証人七人を精力的に調べた結果、証拠上の問題点をすべて懇切に指摘したうえで、九月一七日付けで「原決定取消し・差戻し」という決定をしたのです。

3　差戻し後の経過

私たちは、この後事件はごく普通に処理されて少年たちは保護処分から解放されるものとばかり考えていたのですが、事件は予想もしない方向に進んでしまいました。その概略は先に述べたとおりです。

なぜそうなったかといいますと、第一の理由は、警察が、補充捜査に執念を燃やしまして、少年たちの事件関与を何とかして立証しようとしたことです。

警察は、まず目撃者土屋の供述を崩そうとしました。どうしたかというと、タクシー運転手である土屋を何日も呼び出して、終日執拗に「目撃したのはAではないというこれまでの証言は間違いではないのか。」と繰り返し厳しく追及します。しかし、土屋は、一〇月四日、七日、一六日と三日にわたる長時間の取調べでは、従前の供述を維持しました。ところが、一八日にまたも取調べを受けた土屋は、遂に従前の供述を維持できなくなり、「取調べの際に書いた似顔絵には自信がない。ことの重大性に気付き反省している。」という「反省文」を書かされ、さらに供述調書もとられます。それには、こう書いてあります。すなわち、「警察で写真を見せられた時も、Aが犯人だったような印象がないでもなかったのですが、そのとおり言えばよかったものの断定できない、つまり違うと言い切ってしまったのが間違いの素でした。Aについては、この事件の犯人だというのが五、六〇パーセントで、違うというのが四、五〇パーセントといった感じです。」と書いてありました。その後、土屋は、一〇月二〇日には警察官調書、一〇月二二日にも検察官調書をとられています。

土屋は、差戻し審の証人尋問において、これらの供述を否定して、再び当初の証言に戻りますが、裁判所は、「その声は弱弱しく」などとして証言を信用しませんでした。

また、警察は、タイムカードについても精力的に動きました。タイムカードの記載は、もともと同僚のKの証言によっても支えられていました。Kは、次のように述べていました。すなわち、「犯行前日の夜から当日未明にかけて、Gらとカラオケで遊び、当夜はGが自分の家に泊まって、翌日（つまり犯行当日）一緒に午後から出勤した。だからGは遅番であったことは間違いない。」というのです。しかし、警察は、いろいろ調べた結果、Kが一緒にカラオケに行ったというメンバーの一人が行っていないことを突き止めます。そして、警察は、この事実を突き付けてKの記憶違いを追及し、遂にKから、当夜カラオケに行ったこと自体が誤りであって、翌日（犯行当日）の出勤・退勤時刻に関する供述も誤りであったと認めさせてしまいます。

裁判所は、ここでも警察の補充捜査の結果にそのまま飛びつき、タイムカードの記載は正確なものではなかったから、G自白が不可能な事実を語っているとは認められないとして、抗告審決定と異なる認定をしているのです。

以上のように、差戻し審は、抗告審とは異なり、G自白の信用性を認めて少年らに対し逆送決定をしたのです。

4　刑事補償請求に関する抗告審決定の認定

しかし、先に述べたように、本件について公訴棄却決定が確定した後でされた刑事補償決定は、以上のような差戻し審の判断を厳しく咎めています。

その判断内容は、当初の私たちの決定を全面的に支持するものでした。すなわち、抗告審決定は、次のような指摘をしています。すなわち、本件差戻しを受けた第一審は、実質的に異なる証拠関係ではないのに、勝手に抗告審の判断を覆しているが、それは、「単なる評価換えにすぎ」ない、「差戻し審の判断は、新たな証拠調べをしさえすれば、抗告審の判断の拘束力から解放され、後は新証拠を総合して独自の認定ができるものと考えている節が判文に見受けられるが、抗告審の判断を左右するに足る新証拠がなければ、その判断の拘束力を否定することはできないのであって、単なる証拠に対する評価換えによってその判断を否定するのは相当でない。」などと厳しくたしなめています。

5　事件が教えてくれるもの

この事件では、差戻し審が警察の補充捜査に完全に乗せられてしまったため、事件があらぬ方向に迷走してしまいました。そして、最後の刑事補償決定の抗告審が、事実関係をしっかりと把握して説得力のある判断をしてくれましたので、最後の最後で元少年らの名誉がある程度回復されたのは、不幸中の幸いであったということができます。しかし、それにしても、このような単純な事件で、名誉回復までに八年もかかってしまったことは、取り返しがつきません。

最近でも、有罪判決確定後に再審が申し立てられる刑事事件が後を絶ちませんが、その申立てが認容される例は余り多くありません。少年事件でも、少年法二七条の二が改正されて、保護処分の取消しは期間の制限なくできるようになりましたが、本件では保護処分自体がありませんから、その取消しの申立てをすることもできません。本件の刑事補償請求は、そういうことからされた苦肉の策であったには違いありませんが、抗告審段階で、ともかく救済を受けることができました。

しかし、それにしても、私は、このような刑事補償請求事件を受理した裁判官のうち、どのくらいの人が、その処理に情熱を注いでくれるだろうかと疑問に思わざるを得ません。この事件は、刑事補償請求事件が最後に係属した裁判体が、事実認定や法律判断について情熱を傾けている素晴らしい裁判体であった結果、このような結論になりました。ところが、原審では、事実関係をまったく検討することなく、同法二五条一項にいう「無罪の裁判を受けるべきものと認められる充分な事由があるとき」という要件を、文理に反して「無罪判決を受けるべき明白な場合」に限定したうえで、本件はそのような場合に当たらないとして、一蹴してしまっていたのです。

少年事件に関する刑事補償請求事件などめったに係属するものではありませんし、このような重箱の隅をつつくような法律解釈に興味を示す人も多くないだろうと思います。忙しい裁判官としては、「この程度の事件はこの程度で処理しておけば大丈夫」と考えたくなりそうです。そして、現在の最高裁の体質からして、そのような処理が後刻非難されるということはありそうもないことです。

しかし、本件抗告審裁判官は、そういう事件であることを十分知りながら、いわゆる雑件の処理にここまで情熱を注いでいます。私は、私たちの最初の決定を実質的に支持してくれたという理由からではなく、この裁判体が元少年たちの名誉回復と救済に情熱を注いでくれたことに素直に感動しました。私は、こういう決定こそ、裁判官にとって最も重要であると私が考えている「弱い者の気持ちを理解できる資質」というものを体現したものであると感ずるのです。

6　裁判官の資質

そこで最後に、この事件に関与した多くの裁判官を、先に私が示した「裁判官の資質」に従って分類してみようと思います。

まず、最初の保護処分をした家裁の裁判官は、共犯者Gの自白に引きずられた物の見方をしておりまして、審理終局間際に付添人からG自白の信用性をゆるがせるタイムカードが提出されたのに、その証拠価値を正しく評価していない点で、問題がありました。ただ、この裁判官は、まだ経験の浅い若い判事補のようでしたから、私は余り強く責める気持ちにはなれません。

また、私たちの部の決定は、ただ証拠を素直に検討しただけのもので、特別のものではなかったと思います。

一番問題なのは、差戻し審を担当した家裁裁判官です。保護処分に対する少年側の抗告により、原保護処分決定には事実誤認の違法があるとされたのに、あらためて逆送決定をするというのは、通常の神経でできることではありません。この裁判官は、共犯者の自白を盲目的に信じ込み、「虚偽の弁解をする少年らに対しこのまま不処分決定をするのは正義が許さない。」と考えたのでしょう。私にいわせれば、この裁判官には、「弱い者の気持ちを理解する能力」が欠けていると思われますし、さらに、「強すぎる正義感・過剰な秩序維持意識」の持ち主の典型ではないかと思います。

刑事事件で最初に公訴棄却決定をした裁判官は、「保護処分に対する少年の抗告が通った後に、逆送決定によって少年に刑事処分を科すというのは、どう考えてもおかしい。」という社会常識に合致する考え方をすることのできる人であったと思います。最高裁も、この点で理由付けは異なりますが、この原々決定の結論を肯定しておりまして、常識に合致する決定をしています。

ところが、その中間の高裁は、第一審の決定を覆しています。その決定の論理は、逆送決定は中間処分だからこれと保護処分のどちらが重いかを単純に比較することはできないというもので、形式論理としては理解できないものではありません。しかし、どう考えても社会一般の常識に合致しません。私にいわせると、このような決定をした裁判官は、「頭がよすぎ」て社会一般の人の理解できない裁判理由を述べる人に当たると思うのです。

刑事補償請求を簡単に棄却した第一審の裁判官は、これによって簡単に「一件落着」を図ったものと思いますが、やはり「弱い者の気持ち」を理解できない「官僚的な」裁判官ではないかと想像します。もし本当に裁判官が弱い者の気持ちを理解できる人であれば、高裁決定のいうように、法律論としても、また事実認定のうえでも十分検討する余地のあるこの刑事補償請求を、文理に反する法律論だけでこうも簡単に棄却することはしなかっただろうと思うからです。

最後に、刑事補償請求を認めた高裁判事には、文句なく頭が下がります。刑事補償請求に関する抗告といえば、処理件数の数にも入らない雑件ですから、裁判官によっては、最初から簡単に処理することばかり考えるのではないかと想像するのですが、この決定に関与した高裁判事は、そういう意味ではあまりやり甲斐のない事件について本格的に記録を精査したうえで見事な法律論を展開し、詳細な事実認定と説示をしています。この決定に関与された高裁判事は、私のいう本当の意味で、「弱い者の気持ちを理解できる裁判官」だと思うのです。

もちろん皆さんは、全員がこういう資質をお持ちだとは思いますが、本日のお話を終えるに当たって、今後はそのような資質にますます磨きをかけて、理想的な裁判官になってくださることを心から希望するものです。

長時間のご清聴、まことにありがとうございました。

1　拙著『刑事裁判の心〔新版〕』（法律文化社、二〇〇四年）一三頁以下。

2　松山地宇和島支判平成一二年五月二六日判時一七三一号一五三頁。本書一〇七頁以下参照。

3　二〇〇五年八月二三日付け毎日新聞夕刊。その後、富山地裁で強姦・同未遂罪により懲役三年の実刑に処せられた元被告人に対し、真犯人の出現を理由に再審手続で無罪判決が言い渡されたという新聞報道もあった（氷見事件）。

4　拙著『事実認定適正化の方策――続・刑事裁判の心』（法律文化社、二〇〇五年）二〇一頁以下、一三五頁以下参照。

5　私の生家（すなわち「木谷道場」）の生活実態については、母である木谷美春の遺著『木谷道場と七十人の子供たち』（日本放送協会出版、一九九二年）に、かなり詳しく紹介されている。

6　このいきさつについては、前掲注**1**一四頁以下参照。

7　調布駅南口事件については、差戻し後の家裁決定をはじめとして、多くの論点に関する重要判例が重ねられる結果となった。経緯については、本文中でも引用する以下の一連の判例を参照されたい。

①東高決平成五年九月一七日（公刊物未登載）、②東京家裁八王子支決平成五年一一月一二日判時一五一六号一六三頁、③東京地裁八王子支判平成七年六月二〇日判時一五三六号二七頁、④東京高決平成八年七月五日判時一五七二号三九頁、⑤最決平成九年九月一八日刑集五一巻八号五七一頁、⑥東京高決平成一三年一二月一二日高刑集五四巻二号一五九頁、

第十章　裁判員裁判における裁判長の訴訟指揮はいかにあるべきか

一　はじめに

1　裁判員制度の意味

私は、現在行われている刑事手続には改革すべき点が多々あると考えている。そのために、判事在官中、自分なりにささやかな改革の試みをしてきた。しかし、実務の中でする一裁判官の試行にはおのずから限度がある。そのような試みをする都度、私は、自分の力不足を思い知らされると同時に、制度的な改革の必要性を痛感させられた。

ところで、二〇〇四（平成一六）年に成立したいわゆる裁判員法は、遅くとも二〇〇九（平成二一）年には施行されることになっている。これは、これまで一貫してプロに委ねられていたわが国の刑事裁判に、アマチュアである一般国民が初めて参加することを意味する。まさに画期的な出来事といわなければならない。もっとも、この制度に対しては、弁護士サイドから、閉塞感の強い現在の刑事裁判を一変させるチャンスであるという強い期待が寄せられる一方で、裁判官ＯＢからは「憲法違反である」という強硬論を含む反対意見(1)が続出している。また、そこまでいかなくても、「成功するはずがない」という冷ややかな消極意見を述べる判事ＯＢは少なくない。

私自身も、現在の刑事裁判官の体質を前提とした場合、果たしてこの制度が成功するのだろうかと危惧している者の一人である。しかしながら、この制度を上手に運用すれば、現在の刑事裁判手続が抱える欠陥をかなりの程度カバーできる可能性があることも事実である。そこで、以下、この制度を成功させるために裁判長の訴訟指揮がどうあるべきかについて、若干の私見を述べることとする。

もっとも、そのような観点から一般的な問題を述べた有益な論考が既にかなりの数に達している。(2) そこで、本章では、これらの論稿との重複を避けながら、できるだけ具体的問題に即して論述してみたい。

2　裁判員裁判を実施するうえでの前提事項

まず、裁判員制度は、刑事裁判という重要な国の仕事の一部を一般国民に分担してもらう制度である。当然のことながら、その成功は、国民の協力なしにはあり得ない。それでは、国民の協力を得るために最も重要なことは何か。それは、この仕事に携わった国民に対し、「刑事裁判に参加してよかった」という感想を抱いてもらうことに尽きる。そして、そのために最低限度必要なことは、①現実に行われる裁判手続が裁判員に十分理解できるものであること、②裁判長が市民の目線でものをみることができる人物であり、その訴訟指揮が裁判員の共感を得られるものであること、そして、③裁判員に過重な負担をかけないことであろうと思う。以上三点は、すべての問題の出発点であり前提事項とされなければならない。

二　裁判長の訴訟指揮等に関する一般的な問題

1　基本的なあり方

上記一2の①の観点については、これまでにもいくつかの論稿が公にされているので、以下においては、主として②③の観点からの意見を述べる。

この観点からすれば、裁判長に求められることは、これまで以上に、手続の公平・公正に留意し、現実の訴訟指揮においても「公平な判断者」に徹することであろう。

従来の刑事法廷では、裁判長が検察官と同様に（あるいはそれ以上に）厳しい態度で被告人に接するため、被告人が「この法廷には検事が二人いる」と叫んで抗議した例があると聞いたことがある。このような訴訟指揮をする裁判長の下では、被告人だけでなく裁判員自身も戸惑ってしまい、国民の共感を得ることは不可能である。

2　裁判員に対する応対

裁判員は、これまで裁判官に任されてきた刑事裁判の仕事を分担してくれる協力者である。それぞれ多忙な社会生活・家庭生活を犠牲にし、貴重な時間をやりくりして駆けつけてくれる人たちである。まずもって、礼を失することがあってはならない。これは、最低限度の義務（礼儀）である。そのうえで、緊張しているに違いない裁判員の緊張を緩和させるにはどうしたらよいかについて真剣に検討する必要がある。

裁判官には、いわゆる「裁判官タイプ」という人物像があって、判決を書かせれば立派なものを書くが、社会人としてはなかなか通用しそうもない人がかなりいる。一例を挙げれば、判事室ではニコリともしないで、ひたすら書類を読みふけるタイプ、部屋での雑談を一切しないタイプ、逆に余りにも饒舌で発言の趣旨が明確でないタイプ、合議体の構成員や職員との間ですら円滑な人間関係を築けないタイプなどである。このような人物に裁判員裁判を担当させてもうまくいくはずがない。そして、もちろん、個々の裁判官にはそれぞれ努力の必要があるが、長年かかって形成された裁判官の人格を急に変えることは不可能である。そこで、当面、このような裁判官には裁判員裁判を担当させないなどの司法行政上の措置が必要である。(3) しかし、それだけでは十分でない。より長期的な対応としては、判事補採用の時点において、試験の成績を偏重するのではなく、人格的に裁判員裁判を託するに足りる資質があるかどうかを十分見極めることが肝要である。

3　法廷における被告人等への呼びかけ方

裁判長が「公平な判断者であること」を裁判員に実感してもらうためには、たとえば、「被告人」という呼称自体についても反省の要がある。これは、形式的な問題ではあるが、案外重要なことではないかと思う。

従来の法廷では、被告人に対し裁判長も他の訴訟関係人も、当然のことのように、「被告人」という呼びかけ方をしていた。しかし、「被告人」というのは刑事訴訟における地位・立場を示す一般名詞である。どうして名前を呼んではいけないのか。被告人にはれっきとした氏名（固有名詞）がある。これを呼んでいけないという理由があろうはずはない。氏名で呼びかけ、被告人を一個の人格として認めていることを態度で示すことは、被告人自身に対してはもとより、裁判員に対しても、「無罪推定の原則」に忠実な裁判所の姿勢を暗黙のうちに示すことになるのではないか。(4)

ついでにいえば、被害者を含む証人の場合も同様である。証人の立場とすれば、「証人」と呼ばれるよりも、「○○さん」あるいは「××君」と呼びかけられた方が、裁判所に親しみを感じるはずである。裁判員に対しても、証人が自分たちと同じ国民であるということを明確に意識させるきっかけになると思う。

4　被告人の着席位置の問題

被告人の着席位置は、伝統的に、弁護人席と離れた法廷中央にあった。近時、これを弁護人席の前に移した裁判所が多くなったが、まだ旧来型のものもありはしないか。そして、身柄拘束中の被告人の場合は、その両脇を看守が固めている。しかし、被告人の当事者としての地位や弁護人の援助を受ける権利との関係からすれば、このような位置が適切であるとは到底思われない。裁判員裁判の実施を機に、すべからく、すべての事件で被告人席を弁護人席の近くに移すべきである。できれば、弁護人と同じテーブルに座らせ弁護人といつでも自由に相談ができるようにするのがよい。もっとも、戒護権との関係があるので、ことはそれほど簡単ではないかもしれない。もし、いきなりそこまでするのが無理だというのであれば、「弁護人からの要求がなくても、必ず弁護人席の前に被告人席を設定する」という最低限の配慮が必要である。

5　身柄と接見の問題

裁判員裁判は重大事件を対象とするので、公判段階でも被告人が身柄拘束中である場合が多いと思われる。しかし、法廷で手錠姿の被告人を裁判員の目に触れさせるのは、予断の観点から好ましくない。できれば、裁判員が入廷する段階では、手錠が解除されているように工夫すべきである。そのためには、裁判官だけが先に入廷し、被告人の手錠を解除し、補縄を外した後に裁判員を入廷させるなどの工夫も必要であろう。さらにいえば、出廷に当たり、被告人にはスーツ、ネクタイの着用も認められてしかるべきである。

現在は、接見禁止決定によって、被告人と家族等の接見が厳しく制限されていることが多い。しかし、このように接見が制限された状態では、被告人の防御権行使にも重大な支障を来たす。接見に関する現在の厳しい運用は、裁判員裁判の開始を待つまでもなく、早急に是正されるべきである。

さらに、弁護人の被告人との接見も、現在より自由に許されるよう改善されなければならない。公判段階では、取調べを理由とする接見指定という問題はなくなるが、逆に、拘置所職員の勤務時間との関係で時間的制約が大きくなり、捜査段階よりかえって接見が難しくなるという面がある。連続的開廷による集中審理を実施しようとすれば、弁護人と被告人との接見がいきおい夜間や休日に及ぶのは必然である。これまでのように、「午後五時以降の接見は不許可」「接見の受付は午後四時まで」「特別の事情がない限り土曜・日曜の面接は不可」というような体制では、「連続的開廷」の実現は不可能か、少なくともきわめて困難である。これは、訴訟指揮の問題ではないが、裁判所としては、組織として法務省・拘置所との間で接見時間の拡大を求めて交渉する必要がある。また、これと同時に、裁判所内における接見についても、十分な体制を組むべきである。

三　具体的訴訟指揮について——見直しを迫られる実務・判例

1　証拠開示に関する適切な裁定

裁判員裁判は、「連続的に開廷し整理された争点について分かりやすい審理をする」という前提で成り立つものとされるが、争点の整理ないし絞込みは、十分な証拠開示を前提として初めて可能になる。証拠開示の適切な運用のないままに、単に審理の迅速だけを求めるときは、被告人・弁護人にとって過酷な結果となることが明らかである。

証拠開示に関する刑訴法の規定は、従前、余りにも不備であった。しかも、初期の判例[5]は、あたかも検察官には証拠調べを請求する証拠以外には一切開示の義務がないかのようにとれる判断を示していた。そのため、実際の法廷では、証拠開示の可否・限度をめぐって公判期日が空転することも少なくなかった。もっとも、その後の判例[6]は、一定の要件の下で裁判所の訴訟指揮権に基づく証拠開示を認めたが、この判例が実務に及ぼす影響には限界があった。

証拠開示問題は、二〇〇四年の刑訴法改正により、新たな局面を迎えることとなった。公判前の争点整理手続の一環として、三一六条の一四ないし二四において、従前に比べはるかに大幅な検察官手持ち証拠の開示義務が定められたからである。しかし、まだ十分ではない。証拠開示については、事前の一括開示を求める弁護士会とそれに反対する法務・検察当局との間の見解の対立には根深いものがある。そのため、同条の二五ないし二七の規定に基づく裁判所の裁定は、とりわけ重要である。この裁定は、裁判員を交えずに裁判官だけの判断でされることになるが、裁判所は、ことがらが「争点の整理ないし絞込みのための証拠開示」であるという事実を忘れてはなるまい。裁判員裁判における争点整理の重要性に着目する限り、この問題に関する裁判所の態度が、従前と同様の消極的なものであってはならない[7]。裁判所は、検察官に対し積極的に証拠開示を勧告・命令する勇気を持つべきである。

2　罪責問題と量刑問題の事実上の分離

現在の実務では、罪責問題と量刑問題が渾然一体として審理されている。否認事件であっても、比較的早い段階で被告人の前科内容が裁判官の目に触れることは稀でないし、検察官の冒頭陳述に被告人の生育歴や前科が記載されるのもよくあることである。もちろん、意識の高い弁護人がこのような冒頭陳述の記載に異議を唱えて裁判所が削除を命ずるということもある。しかし、その場合でも、いったん裁判官の目に入った前科の内容がその記憶から消去されることはない。このような事態は、「裁判官はプロであるから」という理由で、これまで比較的大目にみられてきた。

しかし、アマチュアである裁判員が裁判所の構成員に加わることを前提として考えると、このような従前の実務が許されることはあり得ない。

否認事件における検察官の冒頭陳述は、公訴事実の立証に必要な限度にとどめるべきであるし、情状関係の立証は、罪体関係と明確に区別して別途行う必要がある。そして、もし検察官が従前と同じ感覚で主張・立証してきた場合には、裁判所は、これを厳しく咎める訴訟指揮に出るべきである。

3　異議裁定のあり方

裁判員裁判では、公判廷における証拠調べの際に、当事者から異議を申し立てられる機会が増えることが当然予想される。ところが、従来の法廷では、異議申立てに対し適切な裁定のできない裁判長が決して少なくなかった。プロの検察官・弁護人しかいない法廷では、この問題が多少こじれても、大きな問題に発展させずにすませることが不可能ではなかった。しかし、アマチュアである国民が関与する裁判員裁判ではそうはいかない。適切な裁定ができない裁判長は、裁判員の信頼と尊敬を失ってしまうからである。また、形のうえではきちんと裁定したようにみえる場合でも、それが偏った裁定であったとすれば、裁判員の判断をミスリードすることにもなる。適正な異議裁定に習熟することは、これからの刑事裁判官にとって必須の事項というべきである。

従前の裁判官研修などにおいて、この問題が正面から取り上げられることは多くなかった。しかし、今後は、いろいろな機会を通じ、異議に関する裁定の訓練が必要になるであろう。

4　調書裁判からの脱却

従来の刑事裁判では、供述調書が大きな役割を果たしてきた。裁判官は、公判廷で告げられる書証の要旨からではなく、後日判事室で書証を詳細に読み下して心証をとっていた。しかし、裁判員裁判では、このような従前の手法は通用しない。裁判員裁判では、口頭主義・直接主義に徹しない以上、裁判員が事件の争点について的確な心証を形成することが不可能であるからである。

どうしたら口頭主義・直接主義を徹底することができるのか。これは、裁判員裁判に関する最も難しい課題の一つである。当事者の主張・立証については、当面、双方当事者の工夫に委ねるほかない。両当事者は、裁判員裁判の意味をよく理解したうえで、この問題を真剣に研究する必要がある。しかし、裁判所としても手をこまねいているわけにはいかない。裁判長は、適切な機会を捉えて当事者に対する指導力を発揮すべきであろう。「公平な判断者に徹する」ということと、「訴訟運営において積極的な指導力を発揮する」ということとは、まったく別のことなのである。

そして、その前提として、裁判所内部においては、この問題に関する共同研究を早急に開始する必要がある。

5　刑訴法三二一条の運用問題

従来の法廷では、検察官は、証人尋問で期待したとおりの証言が得られなかった場合でも、その法廷では検察官調書の内容と署名指印を確認する程度で、直ちには二号書面の申請をしないのが普通であった。多くの場合、検察官は、複数の証人尋問が一区切りついた後の別の期日にまとめて申請するのである。そして、検察官が「供述調書を作成した時は証言時より記憶が新鮮であった」「公判での証言より供述調書の方が理路整然としている」「被告人の面前では真実を述べられない」というような点を指摘すると、裁判所も検察官調書の特信性を肯定するのが通常であった。

しかし、このような運用は、おそらく全面的に改めざるを得ないであろう。このような証拠調べでは、裁判員が的確な心証を形成することは不可能であると思われるからである。

現実の運用は、証人尋問においてすべてを決するという方向に向かわざるを得ない。検察官は、これまでのように、検察官調書の採用を期待して証人尋問をなおざりにすることはできなくなる。当然のことながら、検察官が例外的に供述調書を請求する場合には、当該証人が在廷する公判廷で直ちにすべきである。これは、検察官として最低限度の義務である。そして、裁判所がこれを採用することが許されるのは、証人尋問の過程において、証人が虚偽の供述をしていることが明らかになったようなきわめて例外的な場合に限られる。そのように考えるべきであろう。

検察官サイドからは、それでは公訴維持が難しくなるという反論があるかもしれない。しかし、この問題は、本来、次に指摘する刑訴法三二二条書面の場合と同様に、取調べの可視化によって解決すべきものなのである。

6　刑訴法三二二条の運用問題

自白の任意性・信用性の審査に関する従前の実務も、大幅に改められなければならない。まず、自白の任意性判断は法律問題ではあるが、信用性判断と密接に関係するので、これに関する証拠調べは裁判員の関与の下に行うことになるという点については、ほぼコンセンサスが得られている[8]。ところで、従前の法廷では、任意性判断の資料を得るため、被告人と取調官に、取調べ状況について延々と論争を繰り返させてきた。しかし、このような不毛の論争に裁判員を付き合わせるようなことがあってはならない。そのようなことをすれば、裁判員すなわち国民の協力が得られなくなることは確実であり、制度の失敗は目にみえている。

裁判員裁判が開始されるまでには、何としても取調べの可視化を実現すべきである。取調べ状況が録画されていれば、任意性をめぐる争い自体が減少する。他方で、そのような措置を講じても取調べに支障を生ずるものでないことは、多くの国の経験が教えてくれている[9]。もちろん、それでも任意性が争われる事件がなくなるとは思われない。しかし、取調べの状況自体はビデオで明らかになるのであるから、裁判員に求められる判断は、これを前提として自白の証明力をどう考えるべきか、という次元の問題になるはずである。そして、そういう問題であれば、まさそういう問題になってはじめて、アマチュアである裁判員でも社会常識に合致する結論に到達することができる。そうではなく、取調べの状況自体をめぐって双方が不毛の論争を続ける状況の下において、裁判員に対し自白の信用性について適切な判断をせよと求めるのは、まさに「不能を強いるもの」といわなければならない。

取調べの可視化に反対する議論は、裁判員裁判の失敗を企図した、いわゆる「ためにする議論」であるといわれても反論できないはずである。

7　訴因変更の要否と不意打ち認定の回避

訴因変更の要否に関し、従前の判例は、事実記載説と抽象的防御説を基本とし、被告人の防御権を手厚く保障するものと理解されてきた。(10) しかし、最近の判例には、「審判対象の画定」という観点及び具体的防御説的な観点を前面に押し出して、従前の理論に反省を迫るものがあり、いささか難解な状況になっている。

最決平成一三年四月一一日刑集五五巻三号一二七頁の事案をみてみよう。この事件の第一審において、検察官は、わざわざ訴因変更手続をしたうえで、被告人はBと共謀のうえ、「被告人が被害者を殺害した」と主張していた。しかし、裁判所は、実行行為者は被告人であるかBであるかあるいはその双方であるか明らかでないが、その中のいずれかであることは明らかであるとして「三者択一」の認定をした。そして、最高裁は、審理の経緯に照らせば、訴因変更手続を経由しないままこのような認定をすることも許されるとしたのである。

しかし、被告人が追及されているのが殺人の実行共同正犯としての刑責であるのか共謀共同正犯としてのそれであるのかは、被告人の防御にとって重大な意味を持つ。ところで本件において、裁判所の認定した事実関係からすれば、被告人は、訴因とは異なり、純然たる共謀共同正犯者として殺人の刑責を追及されている可能性がある。そうであれば、被告人に対しては、どういう証拠・事実関係に基づいて共謀共同正犯成立の要件である共謀が認定されるのかについて、あらためて防御の機会を与えるのが適切であったと思われる。

こういう問題を素通りして、実行行為者について上記のような認定をするのに訴因変更手続が不要であるとした判例の議論は、技術的にすぎて裁判員には理解しがたいものというべきであろう。

私は、少なくとも裁判員裁判において訴因と異なり共謀共同正犯の事実を認定しようとする場合には、この判旨にとらわれることなく、必ず訴因変更手続を経由するべきであると考える。

8　最終段階における訴因変更（延長戦）等の可否

現在の実務では、訴訟の最終段階に至って検察官が訴因変更の申請をしたり、弁論の再開申請をしたりすることがままある。そして、多くの場合、裁判所は、その申請を認めている。

しかし、私は、従前の裁判においても、訴因変更には一定の時期的制約があり、特に弁論を再開したうえでの訴因変更には大きな制約があると考えてきた。[11] この制約は、裁判員裁判では、いっそう強まると考えるべきである。もちろん、争点整理が十分に行われることを前提とする裁判員裁判では、検察官がそのような申請をする事件の数は現在より減るはずである。しかし、それがまったくなくなるという保証はない。そのような場合、裁判所が現在と同じ感覚で検察官の申請を認めた場合には、国民である裁判員に過大な負担と迷惑がかかる。それだけでなく、裁判員がせっかくいったん結論を出しかかった事件について、もう一度仕切り直して延長戦を求めるのは、裁判員の緊張感の持続という観点からも酷である。

結論的にいうと、裁判員制度の下においては、訴因の問題はまず公判前整理手続の中で解決されるべきである。そして、裁判所は公判開始後の訴因変更は、余程特別の事情がない限り許される余地がないと割り切るべきであろう。

要するに、検察官には、「基本的に延長戦はない」という覚悟の下に訴訟を追行することが求められるのであり、裁判所の訴訟指揮もそのことを十分意識したものでなければならない。

四　おわりに

裁判員裁判における裁判長の役割については、以上のほかにも、裁判員を交えた評議の持ち方、判決文作成上の注意点など、まだ論ずべき問題が少なくないが、とりあえず、以上に述べた点について後輩諸賢の注意を喚起するにとどめたい。

1　大久保太郎「裁判員制度立法化への根本的疑問（上）」判時一八二五号二四頁、「同（下）」判時一八二六号二〇頁、「『違憲のデパート』裁判員制度実施の不可能性（上）」判時一八八三号三頁など一連の論稿、西野喜一「日本国憲法と裁判員制度（上）」判時一八七四号三頁、「同（下）」判時一八七五号三頁など。なお、その後、裁判員制度は誤判・冤罪のもとになるという観点からの反対論も有力に主張されるに至っている。石松竹雄ほか『えん罪を生む裁判員制度　陪審裁判の復活に向けて』（現代人文社、二〇〇七年）参照。

2　①吉丸眞「裁判員制度の下における公判手続の在り方に関する若干の問題」判時一八〇七号三頁、②同「争点中心の証拠調べの充実を図るための諸方策（上）」判時一八三八号三頁、③「同（下）」判時一八三九号三頁、④佐藤文哉「裁判員制度にふさわしい証拠調べと合議について」判タ一一一〇号四頁、⑤松本芳希「裁判員制度の下における審理・判決の在り方」ジュリ一二六八号八一頁、⑥中谷雄二郎ほか「裁判員制度における事実認定」現刑六巻五号三九頁など。なお、その後公刊されたこの分野に関する文献はおびただしい数に達するが、ここでは、その代表的なものとして、『小林充先生・佐藤文哉先生古稀祝賀刑事裁判論集（下巻）』（判例タイムズ社、二〇〇六年）四四六頁以下の一連の論文を挙げるにとどめる。

3　もっとも、そうはいっても、このような措置を現実に実施することには困難もあろう。なぜなら、そういう裁判官は、けっして少数というわけではないし、他方、裁判員裁判は、全国どこででも実施される可能性があるからである。結局、長期的な視野に立って、裁判官の質の向上を図る以外に方法はないかもしれない。

4 ちなみに、私は、在官中、人定質問が済んだ後では、「被告人」とは呼ばずに、「○○さん」「あなた」などと呼ぶことにしていた。

5 最決昭和三四年一二月二六日刑集一三巻一三号三三七二頁、最決昭和三五年二月九日判時二一九号三四頁。

6 最決昭和四四年四月二五日刑集二三巻四号二七五頁。

7 安原浩「審理の充実・迅速化のための方策について」法時七四巻七号四二頁、村井敏邦ほか・座談会「刑事司法はどう変わるのか」法時七六巻一〇号四頁以下、特に一二頁以下の安原発言、吉丸・前掲注**2**①四頁。なお、実務の一部では、裁判員制度の実施に先駆けて、証拠開示の範囲を拡大するための努力もみられるようになった。最決平成一九年一二月二五日（判時一九九六号一五七頁）、東京高決平成二〇年八月一九日（二〇〇八年八月一九日付け読売新聞朝刊）など。

8 松本・前掲注**2**⑤九〇頁。

9 日弁連作成の諸外国における可視化に関する一連の実情視察報告書参照。

10 井上弘通「訴因変更の要否」別冊ジュリ『刑事訴訟法判例百選〔第八版〕』（二〇〇五年）一〇二頁。

11 浦和地決昭和六三年九月二八日判時一三〇六号一四八頁、浦和地判平成元年三月二二日判時一三一五号六頁。

〈補注〉

比較的最近公にされた最高裁刑事局「模擬裁判の成果と課題」（判タ一二八七号八頁以下）によると、裁判員裁判の進め方については、現職裁判官の間で繰り返し研究会が行われ、多くの問題について意見の集約がみられたようである。そして、本稿で指摘した論点の中では、本文三**5**（二号書面の運用問題）などについては、ほぼ同旨の方向が示されている。

しかし、本稿指摘の他の論点については、まだ明確な方向が打ち出されておらず、解決が急がれる。特に、被告人の着席位置、手錠・補縄の解除時期や服装の点（本文二**4**・**5**）などは、早急に一日も早く適切な解決が図られるべきである。

《補論》足利事件について

本文の校正が最終段階に入ったころ、無期懲役囚である再審請求人の刑の執行を検察官が停止し、続いて東京高裁も再審開始の決定（二〇〇九年六月二三日付け）をするという異例の事態が出現した。足利事件(1)である。DNA再鑑定の結果、確定判決が誤りであったことを検察官自身が認めたことによる。このようなことは、交通事故の身代わり犯人が発覚したなどの場合を除きもちろん前例がない。

どうしてこのようなことが起こってしまったのか。この点については、今後警察、検察庁、裁判所がそれぞれの立場で徹底的な検証を行う必要がある。

私も、この事件について、いずれ記録を本格的に調査したうえで詳細な検討をしなければならないと考えている。しかし、記録の一部（第一審の公判供述と自白調書及び弁護人の上告趣意の一部）と各審級の判決を読んだだけの現時点においても、いくつかの問題点を指摘することができる。そこで、事件に関する感想と合わせて、メモ的に記載してみることとする。

本件誤判のそもそもの出発点は、開発されて間のないDNA鑑定の証拠価値を過大に評価し盲信した結果、それを突きつけて被告人から虚偽自白を採取してしまった警察の捜査にある。しかし、以下の論述では、公訴提起を受けた裁判所に虚偽自白を見抜くチャンスはなかったのか、という点に焦点を当てることにしたい。

1　第一審について

第一審では、被告人が公判廷でも長期間捜査段階の自白を維持し、弁護人も見るべき反証を提出していなかった。被告人の公判廷での供述は、それなりに具体的であり奇妙な説得力もある。それだけでなく、被告人は、わいせつ目的の発生時期を争うなどもしていた。こういう状況では、裁判所が真相を発見するのはかなり困難なことである。もちろん、無辜の不処罰に強い関心を抱く注意深い裁判所であれば、被告人が否認に転じた段階(2)で否認の理由を詳しく供述させ、弁護人に対し本格的な反証活動を示唆することもできたであろう。しかし、いずれにしても、被告人と最も近い存在である第一審の弁護人自身が被告人の有罪を確信してしまっていた当時の状況では、このような裁判所の措置が効を奏する可能性は大きくなかった。これらの諸点からすると、第一審段階で被告人の無罪を発見することは、わが国の平均的な裁判官を前提とする限りそれほど容易なことではなかったと思われる。

2　控訴審について

控訴審段階では、強力な弁護団が結成され、DNA鑑定や自白の問題点が鋭く指摘された。そして、それらの指摘を控訴審裁判所が謙虚に受け止め、自白の信用性を厳しく吟味していれば、この段階で自白の虚偽性を実感できたのではないかという感想を抱く。

たとえば、遺体の扼痕は、頚部の左右両面にあった。しかるに、殺害方法に関する自白は「両手で輪を作るような形で絞めた」というものであるから、それを前提とすれば「首の前後面」にあるはずだと指摘されている。これは、自白と客観的証拠の矛盾の問題である。しかし、判決は、「被害者が抵抗して暴れたことも考えられ双方が動くのであるから」という理由でその不合理は自白の信用性を疑わせるものではないとしてしまった。ところが、その際の状況に関する自白には、「(被害者が) うーんと言う声を出して後に倒れた」という事実は述べられているものの、被害者が抵抗して暴れたというような事実はまったく出てこない。判決は、自白の不合理を証拠ではなく想像で補ってしまったのである。

また判決は、別の個所で、「窒息死の場合、鼻や口から泡沫や唾液を漏らすことが多い」という事実を認定しているが、自白では、そのような状況がまったく述べられていない。幼女を手で扼殺するというのは異常体験である。当時の状況は、犯人の記憶に強く残るはずである。被告人が本当にそのような体験をしたのであれば、殺害する際のこのような特徴的な事実は自白の中で述べられて当然と思われる。

そもそも、全体的にみて、殺害状況に関する自白は、余りにも淡々としていて現実感というものが感じられない。被害者が「苦しがってもがいた」「悲鳴をあげた」とか「暴れた」などの記載もないのである。これでは、「被告人が現実にはしていない体験を想像で述べているのではないか」という疑いが出てきておかしくない。その他にも、自白の問題点は枚挙にいとまがない(3)。

これらの諸点は、近時確立されたはずの「自白の信用性判断に関する注意則」により、自白の信用性を疑わせる事情とされるものである。したがって、この注意則を正しく適用していれば、控訴審段階で、(その事後審査審としての制約を考慮に入れても、) 自白の信用性を疑うことは十分可能であったと考える。

3　上告審について

上告審については、審級制度の壁がさらに厚いので問題はやや複雑となる。私も記録を検討していない段階では、上告審段階での是正は制度上難しかったのではないか、という感想を抱いていた。しかし、よく知られているように、この段階では、被告人から採取した毛髪のDNAが遺留体液のそれと合致しないという新たな鑑定書（押田鑑定）が提出されていた。それは、当然に上告審の判断資料になるものではないが、裁判官も調査官も事実上それをみているのである。そうであれば、そのような鑑定書があるということを意識したうえで、記録と判決書をもう一度批判的に調査し直すべきではなかったか。そして、そういう目で自白を検討していれば、その信用性を肯定した原判決の多くの問題点を発見するのがそれほど困難であったとは思われない。

それであるのに、上告審は、上告を決定で棄却してしまった。それだけでなく、こともあろうに、「記録を精査しても、被告人が犯人であるとした原判決に、事実誤認、法令違反があるとは認められない。」として、原判決の事実認定にお墨付きを与えてしまったのである。上告審裁判官や担当調査官がどこまで記録を精査したかは知る由もない。しかし、この決定が、前記のような新たな鑑定書が提出されていることを意識し、批判的な目で記録を読み直したうえでされたものであるとは、私にはにわかに信じられない。私がごく短期間に限られた資料を検討しただけでも、控訴審判決には前記のような深刻な問題点があることに気付く。賢明な上告審裁判官や調査官はこれらの点を、果たしてどう考えたのであろうか。問題点に気付きながらこれを過少評価してしまったとしたら、刑事裁判官としてのセンスを疑われてもやむを得ないのではないか。

また、上告審が仮に上告を棄却する場合でも、単に「上告理由に当たらない」として棄却した場合と、前記のように原判決の事実認定を全面的に肯定してしまった場合とでは、後の再審請求審に与える事実上の影響の違いは計り知れない。上告審は、余りにも軽軽しく原判決の認定にお墨付きを与えてしまったという批判を免れないと思う(4)。

4　再審請求審（第一審）について

再審請求審が、審理に長期間をかけながら最終的には弁護人の新たな鑑定請求を却下したうえで請求棄却の決定をした点には、弁護の余地がない。押田鑑定の資料とされた毛髪が請求人に由来するかどうかに疑問があるというのが鑑定請求却下の理由であるが、資料に疑問があるのであれば裁判所自ら鑑定すればよい。これは子供でも理解できる常識である。もともと、真犯人が「新たなＤＮＡ鑑定をしてくれ」などと言い出すことは考えにくいことなのである。裁判所は、押田鑑定と新たな鑑定請求を軽く考えすぎたといわれても反論できない。

ただ、再審請求審が再審請求を棄却した背景には、先のように原判決の事実認定を全面的に支持した上告審決定の存在があると思われる。上告審裁判官も調査官も、押田鑑定を実際に読んだうえで「原判決の認定に誤りはない」といっているのである。その認定を最下級審である地裁が事実上覆すには勇気が要る。また、近年最高裁が再審請求に極めて厳格な態度をとっていることも再審請求審の判断に影響したかも知れない。裁判所が事実認定を誤らないのが一番いいことに違いはないが、人間のする裁判である以上誤りが絶対に入り込まないという保障はない。裁判所は、新証拠によって確定判決の誤りに気付いた場合は、誤りを誤りとして率直に認めるべきである。確定判決の権威などに拘泥して無辜を獄舎から解放することを躊躇してはならない。そういう観点からみると、再審に関する近時の最高裁の態度は、余りにも硬直化しているという批判を免れないであろう。

5　再審請求審（抗告審）について

抗告審が第一審で却下された再鑑定を実施したことは、遅きに失したとはいえ裁判所の見識を示したものと評価できる。そして、その結果、既に明らかなように、確定判決の誤りが決定的に明らかにされたのは、不幸中の幸いであった。もし、新たな鑑定請求を高裁も却下していた場合を想像すると、背筋が寒くなるのは私だけではないであろう。

しかし、検察官の意見書を受けてした高裁の再審開始決定には大いに問題がある。確かに、再審は、請求人の刑責の有無を明らかにする手続であるから、検察官自身が請求人の無罪を主張するに至った以上速やかに再審開始決定をするべきだというのは、一つの筋論には違いない。しかし、本件で請求人は、自分を無実の罪で刑務所に送る最大の原因となった科学警察研究所（科警研）の鑑定書がどうして誤ったのかを明らかにして欲しいと強く希望しているのである。検察官意見書は、検察側鑑定人作成の鑑定書が再審事由に当たることを認めたが、科警研鑑定の誤りを明確に指摘した弁護側鑑定人作成の鑑定書の証拠価値を争っている。そして、抗告審決定もこの点に何ら踏み込まなかったため、科警研鑑定の誤りについては依然として真相が明らかになっていない。そういう状態のまま、検察側の鑑定書だけを再審事由と認めて再審を開始した抗告審決定は、いかにも形式的で官僚的な決定であるというほかない。裁判所が、今回の一連の手続を真に反省しているのであれば、抗告審の段階で、裁判所の判断を誤らせた最大の原因がどこにあったか、その真相を突き止める措置に出るべきであった。検察官意見書はもちろんであるが、抗告審決定からも、「臭いものにはできるだけ早く蓋をしたい」という姿勢が感じられる。遺憾至極というほかない。

抗告審で明らかにされなかったこの問題は、今後始まる再審請求審では是非とも解明されるべきである。

6　以上の経過から学び取るべき教訓

私たちは、以上のような経過から、以下の教訓を学び取るべきである。今後の刑事裁判においてこれらの教訓を活かすことこそが、裁判所として、無実の罪で一七年間にも及ぶ獄中生活をさせてしまった菅家さんに報いる途であると確信する。

① 取調べの圧力は、「僅か一〇数時間」の「任意取調べ」により、無実の人を、死刑や無期懲役が考えられる重罪事件で虚偽自白に追い込むだけの威力があること。そして、一旦被疑者が自白に落ちると、その影響はときに公判段階にまで及ぶこと。

② 現行の当事者主義訴訟の下では、弁護人が事実を争わない状態で裁判所が真実を発見するのは、容易なことではないこと。したがって、弁護人は、被告人との意思疎通に万全を期し、捜査段階の供述の真否をあくまで批判的に検討するべきであること。まかり間違っても、弁護人が、自白調書の内容を盲信して被告人の否認供述を疑うようなことがあってはならない。

③ 取調べが可視化されていない現状では、被告人の法廷での弁解は時に虚偽と断定されやすいが（本件一・二審でも、「暴力を振るわれた」という被告人の供述は、それを否定する取調官の証言や捜査報告書に照らし簡単に排斥されている）、それはきわめて危険なことであること。「被告人は嘘をつくが、取調官は嘘をつかない」という思い込みは明白な誤りである。

④ 裁判所は、被告人が事実を争う限り、「真相は被告人の言うとおりではないか」という批判的な目を持って検察官提出の証拠を慎重に吟味すべきであること。そして、その際には、「被告人は罪を免れたいという気持ちから嘘をつくものである」という誤った思い込みから完全に自由であるべきである。

⑤ 科学的証拠については、たとえそれが絶大な証拠価値があるとされるものであっても、少なくともその評価が定着するまでの間は、証拠能力、証拠価値の両面から慎重な検討が必要であること。

1 （第一審）宇都宮地判平成五年七月七日判タ八二〇号一七七頁、（控訴審）東京高判平成八年五月九日判時一五八五号一三六頁、（上告審）最決平成一二年七月一七日刑集五四巻六号五五〇頁。

2 被告人は、第六回公判において、家族に無実を訴える一連の手紙に関連して一旦事実を否認したけれども、その直後に弁護人のアドバイスを受けて、否認が虚偽であったことを認める上申書を裁判所宛に提出し、第七回公判では再び否認に戻った。しかし、被告人は、弁論終結後に再度否認に転じ、再開後の第一〇回公判ではかなり本格的な否認供述をしている。

3 自白された犯行前の行動に関する目撃者が一人も発見できなかったこと、犯行後の行動についても、客観的な証拠の裏付けがなかったこと、自白には種々変遷があったこと、被告人は、犯行場所も正確には特定できなかったこと等々。

4 事実に深刻な争いがある事案について上告趣意が詳細な指摘をしている場合に、「所論は事実誤認の主張であって、適法な上告理由に当たらない」というだけの形式的な決定をするのは、担当調査官として気が引ける。そのため、「裁判所も記録を読んでいる」ということを決定文の上で表明したいという気持ちは理解できないではない。しかし、上告審の決定が後の再審請求審に大きな影響を与えることを考えると、決定文の言い回しは慎重でなければならない。私は、上告審として絶対に自信を抱ける場合（書面審理だけの上告審でそのような心証を抱ける事案は多くないが）を別とすれば、せいぜい「刑訴法四一一条を発動するには至らない。」という消極的な表現にとどめるべきであると考える。

あとがき

「はしがき」に書いた経過のとおり、昨年（二〇〇八年）は、私にとって生涯最悪の年であった。妻の死は、一年一〇ヶ月に及ぶ闘病の末のことであり予め覚悟していたつもりであったが、「予め覚悟をしていた」ということと「厳しい現実に直面する」ということとは、まったく意味が異なることを思い知らされた。「激しい悲しみが固まりとなって次々に腹の底から込み上げてくる」というような体験（まさに「慟哭」である）は、両親との死別の際にはしなかった。

そして、このような体験を経たうえで考えさせられたことは、「自分が経験したことのない事実を理解するということがいかに困難であるか」ということである。これまで、友人やその配偶者の中には、妻や夫を亡くした者が何人もいる。しかし、私は、従前それら友人たちの悲しみの大きさを本当の意味では理解できていなかった。永年刑事裁判に従事してきた身でありながら、これはまことに恥ずかしく、情けなく、かつ、恐ろしいことであるといわなければならない。そして、それと同時に次のような感想も抱いた。

犯罪被害者の遺族の経験は、今回の私のそれとはまったく異質なものであろう。遺族の気持ちを本当の意味で理解することは、配偶者を看取ったという程度の経験ではとうてい不可能と思われる。また、それ以上に理解が難しいのは、身に覚えのない罪により獄につながれた者の気持ちである。確かに、自分が犯してもいない罪によって刑罰（時には無期懲役とか死刑という究極の刑罰）に処せられることが、本人にとっていかに無念で恐ろしいことであるかは、ある程度想像することができる。しかし、無理な取調べによって虚偽自白に追い込まれた被疑者・被告人の気持ちを理解することは、現実の取調べを経験していない者にとって容易ではないであろう。

裁判官は、取調べの苦痛を味わったことがない。そのため、「厳しい取調べによって虚偽の自白をさせられてしまった」という被告人の訴えを聞いても、えてして「その程度のことで、本当に、身に覚えのない重大犯罪について嘘の自白をしてしまうものであろうか」という疑問を抱きやすい。しかし、現実に、取調べの結果虚偽自白に追い込まれた者はおびただしい数に上る。これは、私のささやかな経験でも容易に理解できることである。もし一般の裁判官が、そういう冤罪者の気持ちを真に理解することができないというのであれば、取調べの実情を目で見えるものにする以外に不幸を防ぐ方法はない。

私は、今回の経験により、「取調べの全面可視化の主張が正しい」という点について、ますます自信を深めた次第である。

二〇〇九年　七月

木　谷　明

■ 執筆者紹介

木谷　明（きたに　あきら）

昭和12年12月15日神奈川県平塚市にて生まれる
昭和36年東京大学法学部卒業
平成16年４月より法政大学法科大学院教授

昭和36年４月司法研修所入所（第15期），同38年判事補任官（東京地裁），同41年最高裁刑事局付，同48年同地裁判事，同50年名古屋地裁判事，同53年同高裁判事職務代行，同54年最高裁調査官，同59年大阪高裁判事，同63年浦和地裁判事部総括，平成４年東京高裁判事，同６年東京家裁判事部総括，同８年水戸家裁所長，同９年水戸地裁所長，同11年東京高裁判事部総括を経て，同12年５月退官，同年６月公証人（霞ヶ関公証役場）。

【主要著書・論文】
『刑事裁判の心——事実認定適正化の方策〔新版〕』（法律文化社，2004年），「鹿児島選挙違反にみる密室取調べの弊害」法学セミナー603号，「畏友石井一正教授にあえて反論する『合理的疑い』の範囲などをめぐって」判例タイムズ1151号，『事実認定の適正化——続・刑事裁判の心』（法律文化社，2005年），「不意打ち認定と訴因」『小林充先生・佐藤文哉先生古稀祝賀刑事裁判論集（下巻）』（判例タイムズ社，2006年），「刑事事実認定の理想と現実」法と心理６巻１号，「自白の任意性判断などに関する提言」『鈴木茂嗣先生古稀祝賀論文集（下巻）』（成文堂，2007年），「有罪認定に必要とされる立証の程度としての『合理的な疑いを差し挟む余地がない』の意義」（ジュリスト平成19年度重要判例解説），「刑事事実認定の基本的あり方」木谷明編著『刑事事実認定の基本問題』（成文堂，2008年）

Horitsu Bunka Sha

2009年８月15日　初版第１刷発行
2011年１月31日　初版第２刷発行

刑事事実認定の理想と現実

著　者　木　谷　　明
発行者　秋　山　　泰

発行所　株式会社　法律文化社
〒603-8053　京都市北区上賀茂岩ヶ垣内町71
電話 075(791)7131　FAX 075(721)8400
URL:http://www.hou-bun.co.jp/

印刷：西濃印刷㈱／製本：㈱藤沢製本
装幀　白沢　正
ISBN 978-4-589-03178-5